KB211652

일상이 그리스 로마 신화

1 신들의 관계

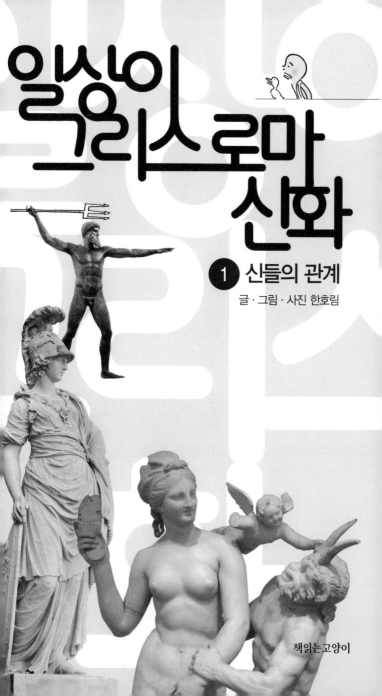

일상이 그리스 로마 신화

① 신들의 관계

글 · 그림 · 사진 한호림

책읽는고양이

프롤로그

나는 이런 그리스 로마 신화 책을 쓰고자 했다

막연한 남의 신화가 아니고 내가 직접 신화의 현장에 가서 내 눈으로 본, 숨 쉬어 본, 내 손으로 만져보고, 내가 촬영한 사진, 내 의도대로 포토샵하고, 내가 그린 일러스트레이션, 그리고 간략한 지도로 설명하는 그런 신화 책.

중학교(서울 덕수중학교)에 입학하니 과목마다 선생님이 따로 계셔 전문성(!)이 있어 보여 좋았다. 특히 장차 화가가 소원인 내가 좋아하는 미술 과목 김찬희 선생님은 일본 태평양미술대학 출신으로 우리나라 중진 화백이셨다. '야!' 우선적으로 미술반에 들어갔다. 그래서 미술실엘 들어서니, 어? 거기 웬 벌거벗은, 내가 보기에도 아주 풍만한 서양 여자의 큰 반신 석고상이 있네? 벌써 오래된 모양으로 때는 좀 탔지만 정말 근사했다.

근데 이게 누군지도 몰랐다. 그래도 이름이야 바로 알게 됐다. 비너스란다. 달랑 비너스라는 것만 알았지 비너스가 누구야? 누구 아는 놈이 있나? (1950년대 말 우리의 서양 문화 수준은 이랬다.)

6년 후, 덕수상고를 마치고 용케 홍익대학교 미술 대학엘 들어갔다. 거기 실기실에는 처음 보는 석고상들이 많았다. (아주 한참 뒤인 해 군 복무 중 혼자 알게 된 것이지만 태양 신) 아폴로의 흉상도 있었고, 웬 꼰대가 몸을 비틀며 괴로워하는, 라오콘이라 는 석고상도 있었다. 그러나 미술대학 에서도 그런 석고상들에 대해서 그냥 "그리스 신화에 나오는 신이래…"라는 정도 이상 아는 인간이 없었다. '교수님에게 도 질문하지 않기를 잘했지… 괜스레….'

1967년 1월, 대학 2학년을 마치고 해군엘 지원했 다. 해외 여행은 꿈도 못 꾸고 국내 관광도 없던 시절, 서울 촌놈이 먼 바다와 과학의 총체 군 함 타는 게 꿈인데 그걸 병역을 겸 하여 나랏돈(!)으로 누릴 수 있을 터이니 얼마나 좋은가 말야. 진짜 로, 경쟁이 무려 11:1이었다니까! 합격! 신병 훈련을 마치고 해군 위생사로서 군의 교육을 받 던 대구 시내에서 상륙(외출의 해군 용어)을 나간 어 느 날, 책방에서 '어라? 이런 책을 만났네? 을유문화 사의 세계문학전집 36권 《그리샤 로오마 신화》(강봉 식 편역). 이건 정말이지 운명이라고 생각한다. 아니? 세상에! 이런 책이 있었다니? 우선 엄청난 분량(깨알 같은 활자로 506쪽), 들춰보니 벌써 거기에 내가 그동안 물을 데가 없어 잠재적으로 쌓아둔 궁금증들을 줄줄이 풀어줄 조짐이 '탁!' 보이네! 당장 샀지. 거금 600원. (당시 일병 봉급이 400원이었다.) 그때부터 동해·서해·남해 경비 출동 중에 군함 안에서 읽고 또 읽고 줄 쳐가며 읽고…. 정말이지 일취월장했다. 이런 지식 세상이 있었다니….

그렇게 흐른 20년, 1987년 7월. 모교 미술 교사를 거쳐 대학의 시각디자인 교수를 하며 디자이너로 활동하던 내가 갑자기 아내와 세 살 난 아들을 데리고 캐나다에 불시착한다. 그러고? 기약 없는 실업자 코스를 밟는다. (루비콘강을 건너? 이 꼴 나기 십상(十常)이다.) 근데 정말이지 사방에 눈에 뵈는 서양 문화가 모두 호기심 덩어리라 그 점은 즐겁고 유익했다. 게다가 그리스 로마 신화로 연결되는 것이 그렇게 일상에 많네?

세계보건기구 심벌.

그때부터 카메라를 메고 전 캐나다, 전 미국, 전 세계를 돌아다니면서 발견된 것들을 촬영하고 그 자료를 모아놓으니, 비슷한 놈들끼리는 서로서로 주파수를 주고받으며 끌어당기는 건지 하나씩 둘씩 저절로

퍼즐이 맞아 가네. 그래서 스스로 깨닫게 되는 즐거움. (그러는 5년 세월에서 훗날 밀리언셀러가 된《꼬리에 꼬리를 무는 영어》도 자연스레 잉태→출산이 됐다.)

에구, 다 쓰려면 한이 있나….

그렇게 신화 세상을 돌아다니다보니 나는 그리스 로마 신화의 현장을 거의 죄다 가본 셈이 됐다. 그런데 거인 신 아틀라스가 죽어 자빠져서 된 산맥이라는 아틀라스산맥이 늘 마음에 걸렸다. 이건 그리스를 중심으로 한 에게해 어디도 아니고 엉뚱하게 저 혼자 그 먼 북아프리카 서쪽에 있네. 가보았다고 해도 사실 별것도 아닐 텐데…. '그러나 마음에 걸려….' 그래서? 기어이 거기도 가봤다. 그 엄청나게 긴 산맥을 고작 2박 3일 있었으니 진짜 주마간산한 격이지만 그래도 그게 어디야?

내 딴에 이렇게 해서 쓴 책이 이 책《일상이 그리스 로마 신화》다.

캐나다 토론토에서

한 호 림

차례

2. 염소와 인간 여자의 짬뽕, 판(Pan) 신 이야기

3. 우주적인 이름의 신 아폴로

4. 이 곶(串, cape) 어디에 포세이돈 신전이 있다던데

5. 아테나, 전쟁 여신, 지혜의 여신

6. 참으로 황당한 헤파이스토스의 탄생 과정

이탈리아 나폴리 국립 고고학 박물관에서 만난 귀여운 개 조각.

1

오디세이, 진짜 멀고도 먼 여정(旅程)

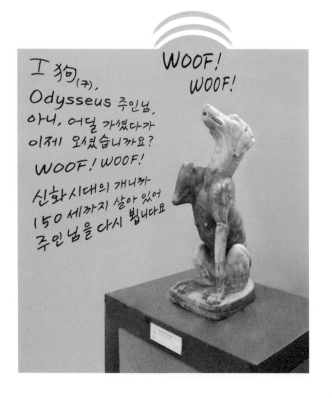

로마 신화의 율리시즈가 바로
그리스의 오디세우스

 용맹, 전투가 인생이었던 로마인들은 무력으로 그리스를 정복했다. 그렇지만 문화면에서는 그리스가 몇 수위. 여러 가지로 꿀리네. 신화만 해도 로마는 변변한 게 없었다. "그래, 그렇다면 수입해. 로마 신으로 바꿔치기

하는 거야."

그렇게 그리스 신화를 죄다 자기네 신화로 바꿔버렸고, 그 유명한 오디세우스(Odysseus) 장군은 율리시즈(Ulysses)로 슬쩍 개명시켜버렸다.

오디세우스(Odysseus)는 장군 이름,
그럼 오디세이(Odyssey)는 또 뭐야

오디세우스는 고대 그리스 섬나라 이타카(Ithaca) 왕국의 왕으로 트로이 원정에 사령관으로 참전한 장군이다. (아주 머리 좋고 교활하기로 소문난 장군.) 그 오디세우스가 10년 동안의 트로이 원정을 마치고 집으로 돌아오는 데 또 10년 걸린다. 그 10년에 걸친 표류, 방황, 모험 등을 노래한 호머의 서사시가 《오디세이》다.

혼다 오디세이
북미의 90년대는 미니밴(mini van)
이 대세였다. 혼다의 경우, 가족과
함께 타고 '오디세이(긴 여행)' 하기
에 최적이라는 의미를 보여준 것

북미에서는 오디세우스의 여행 이미
지를 따 'ODYSSEY'라고 하는 일본의
혼다 미니밴이 상당 기간 동안 아주 인
기였다. 미니밴 시대가 수그러들고
SUV(sport utility vehicle) 시대가 되면서
2022년 3월, 생산 중단에 이르렀지만.

왜 오디세우스는 귀국하는 데
10년이나 걸렸을까

지지부진하게 10년이나 이어지던 그리스 연합군
의 트로이 원정. 결정적으로 '트로이 성의 목마 작전'
아이디어를 내어 원정을 승리로 이끈 오디세우스는
부하들과 함께 사랑하는 아내와 아들이 기다리는 자
신의 왕국 이타카 섬으로 돌아가고 있
었다.

이토록 기나긴 여정은 이미 떠
나기 전 신탁에서도 예언되었던
바, 이번 원정은 20년이나 지나
야 집으로 돌아올 수 있을 거라고
했다. 아닌 게 아니라 정말 전쟁 10년
에 추가로 10년이란 세월을 집으로 돌아오는 바
닷길에다 허비해야 했다. 도대체가 그의 항해는 표
류—방황—모험—표류—방황—모험의 연속이었으니

왜 직선으로 항해하지 않았느냐고?
당시엔 수평선 너머에 있을 낭떠러지로 떨어져 죽을까 봐 되도록 해안선을 따라 항해했음.

까. 오죽하면 영어에는 'Odysseus' journey'라고 하는 말이 다 있다. '길고 힘든 여행길'이나 '길고 힘든 인생길'이란 의미로 쓰인다. 근사한 영어 표현이지.

필자가 그린 지도를 한 번 보시라(↑). 지금의 튀르키예 북서쪽 해안의 트로이에서 서쪽으로 에게해를 건너 그 큰 펠로폰네소스 반도 남해안으로 해서 이오니아해(그리스의 서해) 쪽으로 북상하여 이타카 섬까지의 거리는 약 2000㎞ 정도 된다. 그러니까 당시 범선의 속도를 시속 5노트(약 10㎞) 정도로 잡아 쉬엄쉬엄 가도 한 스무 날이면, 길게 잡아도 한 달이면 갈 거리인데 왜 10년씩이나 걸려야 했을까?

그것도 다 까닭이 있는데…, 간단하게 말하자면 인간들을 가지고 노는 못된 신들의 장난 때문에 그렇다. 바다를 항해해야 하는 오디세우스가 하필이면 바다의 신 포세이돈의 원한을 산 거다. 이렇게 되면 왜 원한을 사게 됐느냐는 이야기가 안 나올 수 없어 또 좀 길어지게 되는데….

아, 이 이야기 잠깐 하고 갈까. 미국이 2001년 4월 7일, 발사에 성공, 같은 해 10월 23일 화성 궤도에 진입한 화성 탐사선. 정식 명칭이 '화성 오디세이(Mars Odyssey)'로 무려 태양과 지구 거리의 3배에 달하는 4억 6000만 ㎞를 비행하여 도착했단다. 얼마나 길고 험한 길이면 '화성 오디세이'라고 명명했을까? 오디

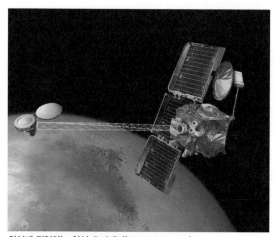

화성에 진입하는 화성 오디세이(Mars Odyssey)
2001년 4월 7일, 미국 케이프 커내버럴에서 발사됐다. 워낙 먼 길을 가기에 그런 이름을 붙였지.

세이란 말, 바로 이런 때 쓴다는 것. 그런데 정말 오디세이란 의미 그대로 화성 오디세이는 지구 이외의 행성 주위를 도는 가장 긴 지속 활동 우주선 기록을 보유한다.

감히 인간 따위가 나, 바다의 신
포세이돈의 아들 눈을 멀게 해?

오디세우스는 12명의 부하들과 항해 중에 식인 외눈박이 거인 키클롭스 족들이 사는 섬에 표착한 적이 있었다. 그 섬엔 비록 서자(庶子)이긴 하지만 포세이돈의 아들 외눈박이 거인이 살고 있었는데…. (이름은 복잡만 하고 쓸 데가 없어서 생략.) 오디세우스와 그 일당들은 웬 동굴이 보이니까 '옳다구나!' 하고 자러 들어갔는데 하필이면 제 발로 그 외눈박이 거인의 동굴 속으로 들어간 것이다. '어라?' 그 안에 염소들이 있네. '이게 웬 떡이냐?' 배고픈 김에 잡아먹고 노닥거리고 있었던 것.

그런데 그만 갑자기 귀가한 외눈박이 거인이 바위문을 '텅!' 닫고 들어왔네. 오디세우스와 그 부하들은 꼼짝없이 독 안의 쥐, 고스란히 거인에게 잡혔지. 그때부터 거인은 매끼니 때마다 오디세우스의 부하들을 잡아먹는다.

물론 그 외눈박이 거인의 신분이 포세이돈의 아들

인지 누군지 알 바 없었던 오디세우스, 워낙 머리가 좋은 그는 그 외눈박이 거인에게 알랑방귀를 뀌며 가지고 있던 가죽부대에 든 포도주를 권했다. 난생 처음 맛있는 포도주를 마셔본 거인이 얼큰해졌다. 오디세우스보고 그런다. "기차다, 포도주 맛! 이렇게 맛있는 건 처음이다. 고맙다. 대신 넌 맨 마지막에 잡아먹어 주마." 그리고는 곯아떨어져 자네.

외눈이라 처치하기도 간단해

오디세우스는 부하들과 함께 잠든 거인의 외눈을 뾰족하게 깎은 불타는 굵은 나무기둥으로 냅다 '쿠악!' 찔러버린다. 외눈이니 하나만 찔러도 그냥 장님이 됐지. 진짜 장님이 된 거인, 난리 발광이 났네. 그 육중한 바위 문을 열고 나가 동네방네에 마구 떠든다. 그렇게 바위 문이 열린 통에 오디세우스는 부하들을

"엉엉, 아부지, 난 이제 외눈깔이 아니고 無눈깔이 됐어! 교활한 오디세우스 놈이 준 포도주 마시고 거인 인생 망쳤어!"

이끌고 굴 밖으로 도망친 것.

이제 '완전히' 앞을 못 보게 된 외눈, 아니, 무(無) 눈 거인이 엉엉 울면서 바다를 향해 아버지 포세이돈 에게 일러바친다. "아부지, 오디세우스 놈이 날 무눈 깔로 만들었어. 그리고 토꼈어. 나쁜 놈이야. 아주 혼 쭐을 내줘." 그놈 참, 자기가 오디세우스 부하들을 잡 아먹고 오디세우스마저 잡아먹으려고 했던 대목은 쏙 뺐다. 그래도 양심은 있어서인지 "고 나쁜 놈을 아 주 '콱!' 죽여줘요"라고 하진 않았다. 그 점은 착하달 까. (원래 이야기 속 거인들은 으레 단순 무식하다.)

그때부터 바다의 신 포세이돈은 계속 오디세우스 의 배를 쫓아다니면서 파도를 일으키는 등 오디세우 스를 죽이려고 했지만, 한편 그때마다 오디세우스를 일방적으로 편애하는 전쟁신·지혜의 신 아테나 여 신이 나서서 요리조리 막아줬다.

그 덕에 다른 부하들은 그 후 다 죽었어도 오디세우 스만은 혼자 살아 20년 만에 고향 이타카 섬으로 돌아 올 수 있었다는 것. 그렇게 오디세우스의 귀향길은 긴 고난의 연속. '사이렌 사건' 도 그 과정에서 있었던 일.

사이렌의 살인 유혹을 이겨낸
오디세우스와 그의 부하들

오디세우스와 그 부하들은 숱한 모험을 거쳐 이번

오디세우스가 헤맨 뱃길

포세이돈아, 골탕을 먹이느라고 망망한 바다를 헤매게 해도 그렇지 어떻게 이렇게까지 힘들게 할 수가 있나? 이 지도는 옛 중국의 세계지도. 이 지도를 잘 들여다보면 아주, 아주 재미난 것들이 발견된다. 한 예로 왼쪽 위 핑크색 부분을 보면 숙녀국(淑女國)이 있지? 그 아래 또 핑크색 부분을 보면 여자국(女子國)이네. 즉 여인국인데 이런 식으로 들여다보면 볼수록 재미있는 나라들이 들어 있다.

에는 상반신은 여인이고 하반신은 새(鳥, bird)인 사이렌들이 있는 섬을 지나게 됐다. 사이렌의 유혹이 시작되면 선원들은 "이게 무서운 사이렌의 유혹이지. 여기에 걸려 넘어가면 죽는 거야…"라며 알면서도 결국 걸려들어 목숨을 잃게 되어 있었다.

그런 것을 미리 알고 있었던 영리한 오디세우스. 선원들이 사이렌의 노래에 홀리지 못하게 모두 귀를 밀랍으로 봉하게 하고, 왕초인 자기는 귀는 열어놓는 대신 미리 몸을 돛대에 묶어놓으라고 했다. 즉 자기는 귀로나마 사이렌의 그 아름다운 유혹을 좀 즐기며 지나가겠다는 거지.

원래 '탁!' 걸려들면 큰일날 유혹인 줄 알고도 야
금야금 다가가서 깔짝깔짝 맛을 살살 보는 재미가 그
렇지 않은가? 그래서 물고기들이 미끼 앞에 와서 알
쫑거리며 '딱 한 번 살짝 입만 대어보고 말자' 하다가
그만 졸지에 공중제비를 하고는 낚시꾼의 망태로 들
어가지. 오디세우스도 이런 호기심이 발동했지만 안
전책도 강구했던 것. 오랜 금욕으로 미칠 지경인 그
상황에서 상반신이 그것도 나체로 된 여자인 사이렌
에 호기심!

자, 사이렌들의 섬을 살살 통과하려는데…. 아니나
다를까? 사이렌들의 육탄 공격 개시. 공격은 육감적
이고 집요했다. 아주 입체전, 공중전으로 머리 위까지
날아와 유혹을 한다. 쓱 쳐다보니 과연 얼짱에 몸짱이
다.

다른 부하 선원들은 밀랍으로 귀를 막아놔서 못 듣
지만 귀가 열려 있는 오디세우스로서는 발광하기 직
전. 당장 물로 뛰어내려 껴안으려는데 '아!' 몸이 돛
대에 묶여 꼼짝할 수 없네. "야, 이놈들아, 얼렁 이 밧
줄 안 끌러?" 하고 악을 쓰지만, 천만 다행히도 부하
들은 들은 척도 안 하네. 그건 미리 귀를 밀랍으로 막
아놨다고 하지 않나. 그랬기에 사이렌의 노래 소리
도 안 들렸지만 상관인 오디세우스의 명령 또한 들리
지 않았던 것이다.

야, 이놈들아, 이 밧줄 빨리 풀지 못해!
돛대에 묶여 있는 사람이 오디세우스, 그의 머리 위로 사이렌이 수직
강하 공격(?)까지 감행하고 있다. 그리스 토기에 그려진 단골 메뉴 그
림 중 하나다.

야단법석 가운데 오디세우스가 탄 배는 사이렌의
섬을 무사히 통과해버리고 만다.
'휴- 살았다!' (선원들)
'에구~, 아깝다아ㅠㅠ.' (오디세우스)

사이렌 (siren, 鳥女)
사이렌이 무서운 괴녀이기에 '사이렌을 조심하라'는 말에서 '사이렌(siren)=경고음'이 되었다는 것 그리스 아테네 국립 고고학 박물관에서 만났다. (이건 정말이지 다른 데서는 보기 어려운 것임).

천신만고 끝에 귀국해보니…

오디세우스는 주인공이니까 그 총체적 난국을 다 넘기고 결국 살아서 귀국한다. 함께 트로이에서 출발했던 부하들은 외눈박이 거인 키클롭스 같은 것들한테 잡혀 먹히기도 하고 각종 변괴에 죽어가 극소수만 고국 근처까지 왔는데 극적인 이야기의 끝이 그렇듯이 결국에는 주인공 오디세우스만 남겨놓고 다들 물귀신이 됐다.

자, 드디어 자기 나라 이타카 섬에 돌아는 왔는데…, 신들, 그러니까 바다의 신 포세이돈과 그의 눈치를 보던 아테나 여신 등은 뭔 뜸을 그렇게 들이도록 시나리오를 짰는지 부부 상면이 오래도 걸린다. 오디세우스가 바로 궁으로 뛰어들어가서 "여보,

아~
이, 말 못하는
개의 순정!

제가 비록 개라 말은 못하지만요, 외 주인님, 어딜 가셨다가 이제야 오셨습니까요? 세상에 여러 박물관에서 개 조각 작품을 드물게 보기도 했지만, 이렇게 사실적으로 잘 조각된 건 처음 보네. 이탈리아 나폴리 국립 고고학 박물관에서 이 개 조각을 보고 오디세우스의 충성스러운 개를 연상하여 여기 출연시켰다. 이집트 카이로 국립 박물관에 가면 개를 미라로 만들어놓은 것들도 볼 수 있지

나 돌아왔소!" 하게 한 것이 아니라 거지꼴, 그것도 늙은 거지로 변신시켜 들어가게 했으니까. 그러니 오디세이를 알아본 사람이 없었다. 세상에, 아내까지 (둘이 같이 대화를 하면서도) 남편을 못 알아봤다니까. 근데, 어라? 그 집 사냥개만 주인을 알아봤다. 그 말 못하는 개가.

신화를 가지고 뭐, 너무 이치적으로 따지고 그러는 거 아니다. 그래도 많이 이상하지? 개의 수명이 얼마지? 10년에서 13년이라고 하면, 고대 시대엔 동물병원도 없었을 터이니 더 짧았을 것 아닌가? 그런데 오디세우스가 출전하느라고 헤어지던 때를 기억하는 사냥개가 있었다니 최소한 당시 2살은 됐다고 보면, 그 개는 오디세우스가 20년 원정에서 돌아왔을 때엔 사람으로 치면 150살도 넘었겠네. 그러나 신화 시대의 개라는 걸 생각해서야지. (그 사냥개는 옛 주인 오디세우스와 재회하자 저 혼자 알아보고 너무 좋아하더니, '이젠 한을 풀었다' 싶어서 그랬는지 바로 죽었다고 한다. 개의 순정.)

오디세우스, 아내에게 눈독 들이던 놈들을

이 점도 참 말이 안 된다. 아무리 신화라고 하더라도 그렇지. 오디세우스가 원정을 떠날 때 아내가 몇 살쯤 되었을까? 그렇지 당시 이미 아기(아들)도 있었다. 이

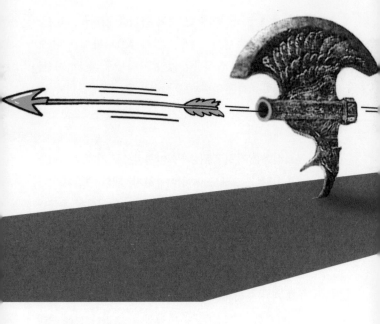

12

제 20년 만에 돌아왔으니 그녀의 나이가 마흔도 넘었겠지. 당시 수명으로 마흔이면 할머니다. 아무리 세상에 없는 미녀라고 해도 그렇지 왕비 할머니에게 구혼하느라고 각국의 지위 높은 구혼자들이 몰려와 몇 년씩 죽치고 있었다는 얘기.

달리 생각해볼까? 혹시 그녀 왕비 페넬로페를 정복함으로 해서 오디세우스가 없는 사이에 이 나라 이타카 왕 자리까지 차지할 야심을 품었던 것일까? '그랬다면 말이 되네. 늙은 왕비가 문제가 아니지.'

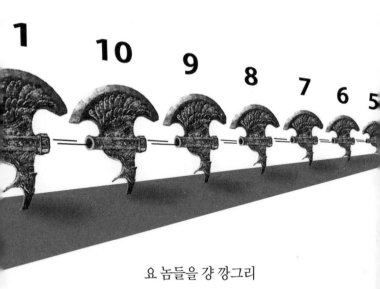

요 놈들을 걍 깡그리

    아무튼 모든 상황을 파악한 오디세우스, 껄렁한 구혼자들이 다 모인 자리에서 결행하기로 한다. 아직도 거지로 변장한 남편 오디세우스를 알아보지 못한 오디세우스의 아내, 그녀도 지쳤는지 구혼자들에게 최종안을 제시한다. 그 옛날 남편 오디세우스가 쓰던 강궁을 꺼내놓았다. 도끼 12자루를 한 줄로 세워놓고, 그 활로 쏘아 도끼 구멍 12개를 꿰뚫는 사람을 자기 남편으로 삼겠다는 것.

    구혼자들은 저마다 침을 삼킨다. 그런데 어찌나 그 활이 강궁이었던지 낑낑거리고 활에 활줄조차 걸지 못하는 자들도 있었으니, 그 활에 화살을 걸고 시위를 당기기는 더 가망 없는 일. 게다가 화살을 날려 도끼

구멍 12개를 꿰뚫는다? '안 되겠구만….' 다들 포기
단계다.

이때 거지 행색의 오디세우스 데뷔! "제가 한 번 해
보겠습니다요." 그러자 단박에, "야, 거지 주제에 분
수를 알아야지, 여기가 어디라고? 당장 꺼지지 못해?"
구혼자들의 야유 중에 오디세우스, '요 까짓것!' 하며
익숙한 솜씨로 '척!' 활을 휘어 활줄을 끼우더니 바로
화살을 걸고 시위를 당긴다. 그러고 나서 그대로 화살
을 날려 도끼 구멍 12개를 꿰뚫는다.

순간, '화다닥!' 구혼자 무리들이 알아봤다. "으하
악, 천하 장군 오디세우스였구나! 도망가자!" 허나,
미리 출구를 막아놓은 아들. 이미 구혼자들이 각자 휴
대하고 온 무기들을 멀리 치워버린 뒤다.

오디세우스도 참 너무한다

그때부터 오디세우스는 무참한 살육전을 펼친다.
무기가 없는 무방비 상태의 구혼자들을 차례로 죄다
죽여버린다. 신화 속의 사람 목숨, 참으로 파리 목숨
이로다! 사실 이게 그렇게 다 무참하게 죽여버렸어야
만 할 일이었을까.

게임은 끝났다. 오디세우스와 왕비는 20년 만에 꿈
같은, 꿀 같은 합방이다. 한 가지 궁금한 것이 있다.
오디세우스가 원정 간 사이에 제우스의 전령신 헤르

메스가 염소로 둔갑하여 왕비를 덮쳐 반은 인간, 반은 염소인 판 신을 낳은 것을 어찌 할는지.

'외눈깔' 을 영어로 뭐라고 할까?

신화엔 별 재미있는 괴물들이 다 나온다. 우리들은 거기에서도 건질 게 많다. 이번엔 외눈이 나왔지. 그걸 영어로 뭐라고 하면 좋을까? 그래, 쌍안경을 영어로 binocular 라고 하지.

binocular [비나큘러] 두 눈의, 쌍안용의. 쌍안경

우선 그걸 분석해보자. bi-는 2라는 뜻. 즉 '쌍'

bilingual 이중언어를 구사하는

biplane 복엽기

그러니 눈치로 보아 bi- 뒤의 말 -ocular는 눈 eye라는 말이 아니겠나? 맞다! 그러면 외눈은 뭐겠나? 우리는 mono란 말을 들어봤다. 레일이 하나로 된 것을 모노레일(monorail)이라고 하지 않나. 그렇다면 외눈은? mono+cular가 아닐까?

"맞지! monocular."

(물론 그리스 신화에서 나오는 인물 이름 Cyclops[싸이클랍스]를 외눈박이, 애꾸눈이란 말로 쓰고 쉬운 말로 풀어서 one-eyed person이라고 하면 되지만 말이지.)

==

2

염소와 인간 여자의 짬뽕, 판(Pan) 신 이야기

음악의 신? 아폴로 ??
음악의 신 좋아하시네
걘 순 올림포스 거품이야

게다가 난 아폴로에게
쳐 치는 것도 갈켜줬지
랬더니 돈은 걔가
다...

판의 파이프
panpipe

이스라엘에서 시작되는 이야기

거, 꽤 오래 됐네. 순전히 성경 지리에 대한 호기심으로 토론토에서 출발하여 이스라엘 벤구리온 공항에 내렸던 추억이. '지금 내가 발 디디고 선 여기가 바로 그 이스라엘이란 말인가? 그 아득한 성경 시대의 땅을 내 발로 돌아다니게 됐단 말이지?' 이제부터 내 호기심의 대상이었거나 호기심 꽂힌 것이면 모두 들여다보고 촬영한다. 그 체험과 현장감이 묻어난 사진을 나의 작업에 쓰려고 갔던 거지.

벤구리온 국제공항
이스라엘 초대 수상인 다비드 벤구리온의 이름을 딴 국제공항.

고교 시절부터 막연히 지구 어디엔가 있나보다…하고 생각해왔던 이스라엘, 이제 왔도다. 그런 마당에 잠잘 새가 다 어딨겠나. 낮에는 낮대로, 밤에는 밤대로 그저 헤집고 돌아다니며 코다크롬(* 필름 시대 당시 프로용 슬라이드 필름)으로 촬영했다. 찍은 필름들을 보물같이 챙기면서 얼마나 뿌듯했던지….

그렇게 주마간산(走馬看山)으로나마 이스라엘에 갔다 온 후, 세월은 또 흘러 꿈 같은 디지털 사진 시대가 왔고 나날이 눈부시게 발전했다. 디카(DSLR digital single-lens reflex camera)의 출현! 촬영이 얼마나 놀라운 성능을 발휘하는지, 비싸고 무거운 필름 자루를 들고 다닐 일이 있나, 감도가 엄청 높으니 별도 플래시도 필요 없다. 게다가 거의 무제한이지. 그래, 그걸 무기로 무장하고 다시 이스라엘에 갔다.

'요르단 강 건너가 만나리~'의 요르단 강 시작이 여기에서

여기, 이스라엘의 최북단. 레바논과 접경을 이루는 지역, 텔단(Tel Dan)엘 갔다. (이럴 때 이스라엘 지도를 잠깐 보시면 좋지요↓) 지난번에 빠뜨린 곳이라 우선적으로 갔던 것. tel은 '언덕'이란 뜻. 그래서 오는

길이 모두 구릉 지대였구나.

'언제 또 올 건가? 마지막이다 생각하고 더 깊이 봐야지.' 차에서 내리자마자 열심히 살펴보며 머릿속으로는 스토리를 만들어가며 사진을 촬영하는데…. 근데 이것 참 희한하다. 여기저기에서 '콸콸' 물소리가 들리는 거다. 둘러보니, 땅 속에서 맑은 물들이 그야말로 '콸콸' 용솟음치듯이 솟아나오는 게 아닌가. '이게 웬 물?

이게 바로, 여기서 더 북쪽에 있는 헤르몬산(The Mount Hermon, 2814m)의 눈이 녹아서 흘러내려오다가 땅속으로 스며들었던 것이 이 일대부터는 지표면으로 다시 솟아나온다는 것.

(위) 이렇게 헤르몬산 샘들에서 시작되는 요르단강. (아래) 그런 샘들이 모여서 냇물을 이루지

그 물들이 크게 3줄기로 흘러내리다가 합쳐져 강을 형성하는데 그걸 상(上)요르단강(Upper Jordan River)이라 한다. 강이라고 하지만 우리가 보기엔 냇물 수준. 작은 물이 요란하다고 소리를 내며 급하게도 흘러내려간다.

요르단강은 상, 하 2개로 나뉘어 있다. (이럴 때 또 한 번 후딱 지도를 보시면 좋지↗)

갈릴리호수와 상·하 요르단강, 그리고 지중해.

　조금 전의 텔단 지역의 땅에서 솟은 상(上)요르단
강물이 남으로 흘러내려가서 남북 길이 20㎞, 폭 12㎞
정도의 갈릴리호수로 들어간다. 한편 들어간 만큼의
강물이 그 호수에서 남쪽으로 흘러 빠져나가는데 그
게 일반적으로 요르단강이라고 하는, 하(下)요르단강
(Lower Jordan River)이다. 가늘고 길게 고불거리며
내려간다.

　우리는 '강' 하면 엄청 너른 한강을 연상하게 되는
데, 요르단강의 강폭은 큰 냇물 수준이다. 그렇게 약
간씩 고불고불, 전체적으로는 북에서 남으로 약 500㎞
를 흘러내려가는데, 해수면보다 418m나 낮다는 사해
(死海, Dead Sea)가 종착역.

　그 또한 참 신기 오묘하기도 하지. 그 요르단강으
로 해서 사해로 내려오는 강물 공급량과 사해에서 중

누구나 여기 오면 한 번씩 이렇게 사해 체험을 하지
정말 수영 못해도 저절로 몸이 물에 뜬다는 것을 다들 들어 알면서도
한 번씩 그냥 해보는 거지. 나도 그래서 한 번 해본 것

발하는 양이 현재까지는 딱 균형을 이루고 있다는 것.
(물론 엄밀히는 세월에 따라 변화하긴 하지만.)

어? 여기 이스라엘에
웬 그리스 판 신 동굴?

'일상이 그리스 로마 신화' 인데 먼 나라 강물 이야
기만 할 건가? 오늘의 주제 판 신 이야기를 해야지. 지
난번에 놓쳤던 텔단이라 우선적으로 왔던 터라 여기
보라 저기 보라 발보다 마음이 바쁘다. 그런데 저편
북쪽을 보니 '어? 저건 또 뭐야? 웬, 저렇게 범상치 않
게 생긴 큰 바위 동굴이 다 있지? 꼭 큰 바위 동굴이
라고 해서 가본 것도 아니다. 무조건 다 가보는 거니

멀리서 바라봐도 범상치 않은 동굴이네. '뭔가 있겠구나···' 싶어 다가간다.

까. 다가갈수록 바위 동굴치곤 규모가 심상치 않다.

그 동굴을 향해 가는 암벽에는 벌써 척 보기에도 아주 오랜 세월 전에 사람들이 쪼아내고 새겨놓은 흔적들이 여러 개 보인다. 벽감(壁龕, niche) 같은 것도 있다. '뭔가 있겠구나···.' 우선 동굴 앞에 세워놓은 안내판의 제목부터 읽어보는데, '어? 이 동굴이 웬, 난데없는 판 신(Pan)의 동굴이라구? 아니, 판 신은 그리스 신화에 나오는 목축의 신(god of shepherd)인데 그의 동굴이 이스라엘에 있다고? 거짓말 아냐?

무슨 거대한 그리스 코린트 양식의 주두(柱頭)도 하나 있네. 그 옛날 이 자리에 제우스 신전이 있었다는 뜻. 코린트 양식의 주두가 그 흔적이다.

얼른 더 많이 봐야겠다는 맘에 대충 그 정도만 읽어보고 우선 동굴로 들어가봤다. '엥?' 들어가보니

판 신의 동굴 앞
(왼쪽) 무슨 거대한 그리스 코린트 양식의 주두(柱頭)도 하나 있다. 그 옛날 이 자리에 제우스 신전이 있었다는 뜻 코린트 양식의 주두가 그 흔적이다. (오른쪽) 이 동굴 안에 염소 신 판 신이 있었단 말이지? 들어가 보면 썰렁하다.

별 볼 일 없네. 그냥 아가리 큰 동굴, 천장이 높아 큰 공간을 형성하고 있을 뿐 깊이랄 것도 없이 저편이 막혀 있다. 그러니 그냥 나올 수밖에. 그러나 되려 그 바깥 암벽 여러 곳에 뭔가 새겨놓기까지 한 것을 보면 무슨 역사적 이유가 있어서가 아닐까?

안내판을 들여다보니 뭐라고 많이도 써놨다. 신전 같은 도면들도 그려져 있다. '자세히 봐야겠군.' 이번엔 제대로 설명문을 끝까지 읽어보기 시작.

오호! 까마득한 옛날 바로 이 자리에서 이런 일이 있었구나. 내가 지금 이런 델 와 있는 거구나. 어이쿠! 월척이네!

알렉산더 대왕,
大王? 어떻게 생각하시는지

사람을 하나 둘 죽이면 살인자라고 하지만 어마어마하게 죽이면 영웅이라 칭한다. 살인귀의 실체 알렉산더. 그 철부지로 인해서 그 긴 세월, 얼마나 세계가 아비규환이 되었나? 결국 수많은 병사들과 사람들이 비참하게 죽었다. 살아 돌아왔어도 불구자가 되고 무수한 젊은 여자들은 처참한 과부 나락으로 떨어지고, 아이들은 아비 없는 자식으로 살아야 했다. 알렉산더의 원정으로 인한 동서양의 문화 교류 이바지 이야기 따위는 결과론. 바로 그 알렉산더가 동방 원정을 시작

알렉산더 대왕. 루브르 박물관.

한 지 얼마 안 되어 바로 이곳, 내가 서 있는 이 자리에 이르렀다.

알렉산더는 영어식 발음이고 그리스식으로는 알렉산드로스. 그는 너무 많은 전쟁을 벌여놓고는 그걸 감당키 어려워 밤잠도 제대로 못 자고 여러 가지 정신적 괴로움 속에 떨다 죽었다. 알렉산더 대왕의 흉상은 (43쪽) 파리 루브르 박물관에서 반갑게(?) 만나 촬영했다.

당시 이스라엘로서는 그 막강한 알렉산더 원정군에게 대항이고 뭐고 할 계제가 아니었다. 그냥 납작

저 영감님이 어린 알렉산더에게 사또교육을 덜 시킨 거 아냐?

아리스토텔레스는 알렉산더의 개인 교수였다. 그런데? 왜?
"대체 아리스토텔레스라는 이 철학자는 아이 알렉산더에게 뭘 가르쳐 준 거야?" 파리 루브르 박물관에서 만난 아리스토텔레스. 여기서 철학자 스승과 영웅 제자를 모두 만났네.

엎드려 길을 내어드린 거지. 어서, 어서 지나가기만 하시라고.

바로 그 알렉산더가 이곳, 지금 내가 디디고 있는 바로 이 자리에 서 있었다는 거다. 그리고 방금 내가 들어갔다가 나온 이 바위동굴을 알렉산더도 들어가 본 거다. 그때 알렉산더가 척 보니 바위동굴의 규모가 크고 뭔가 위엄이 있어 보이는 데다 주위 사방에 샘물까지 콸콸 솟는 걸 보고 그는 자기네 나라의 신, 판(Pan) 신을 생각했던 모양. 그래서 그가 이 굴의 이름을 '판 신의 동굴'로 명명해버렸다는 것.

그 이후 이 지역은 성역화되어

그런데 원정 10년, 나이 32세에 알렉산더는 후계자조차 정할 새 없이 새파랗게 젊은 나이에 학질인지 풍토병인지 열병인지 술병인지 약물 과다인지 암튼 고열로 앓다가 급사했다. 그때는 너무 오랜 원정에 지칠 대로 지친 부하들의 불만이 폭발하기 직전이던 때이기도 했다. 그러니 부하 장군들로서는 '이게 웬 굴러 들어온 떡이냐?' 하고 그 넓은 왕국을 4토막으로 나누어 가졌다.

그 부하 장군들은 우선은 자기들도 왕이 되어 좋았지만 서로 경쟁자가 가진 땅 3/4이 탐나. '저 놈들만 깡그리 없애면 몽땅 내 땅이 되는데…' 그래서 또 없

판(Pan)의 신전

는 시비 걸고 서로 싸우다보니 서로 지쳐 힘이 약해진
다. 그러다 막강해진 로마에게 되려 차례로 정복당하
지. 이 이스라엘 땅도 물론 로마가 접수했고.

세월은 흘러 기원전 1세기에 이르러 그 유명한 혜
롯대왕——대단한 정략가이자 도시 건설 전문가이기
도 한——이 정략적으로 로마의 황제 아우구스투스에
게 뇌물을 쓰느라고 바로 이 판 신의 동굴 앞에 아우
구스투스 신(?)전을 지어 바쳐 점수를 땄네!

"아니? 아우구스투스는 황제 아냐? 근데 뭔 신전?"
그때는 그랬다. 황제를 신격화했었다. 그들도 밥 먹
고 병들고 별 수 없이 죽는 것을 보면서도 신으로 모
시는 척(?)했지.

그 혜롯대왕은 (우리가 이스라엘 갈 때 내리는 비

아우구스투스 황제 전
판 신의 동굴
제우스 신전
판 신과 염소의 신전

아우구스투스 신전

행장이 있는 도시) 텔아비브 북쪽 40㎞ 지점 지중해변에 신도시를 건설하고 도시 이름을 카이사레아(Caesarea, 로마 황제를 의미, 35쪽 지도 →)라고 명명한 다음 카이사르(Caesar 로마 황제)에게 헌정하여 점수를 땄지. 기발한 뇌물로 정치 줄을 잘 타서 이스라엘 분봉왕(한 나라를 여럿으로 나누어 그중 하나를 통치하는 사람) 발령을 받아내기도 했다.

참고로 신약성경에 나오는 헤롯이란 이름을 가진 왕은 모두 7명인데 그가 첫 번째 나오는 왕으로 '헤롯대왕'이라고 부르는 인간이다. 그는 이스라엘 사람이 아니었다. 로마 황제의 발령을 받아서 이스라엘을 통치하러 온 사람이지. 즉 이스라엘 사람들과는 처음부터 이질적이었기에 그는 항상 이스라엘 사람들의 눈

카이사레아 원형극장

원형이 잘 보존되어 있는 고대 극장이라지만 현대에 와서 부분적으로 시멘트로 보강을 많이 했다. 어쨌든 놀랍지 않은가? 그 아득한 고대에 4000명이 앉을 수 있는 극장이었다니. 이 일대에 인구가 얼마나 되었을까? 공연이 있는 날 20명당 한 명씩만 입장했어도 인구가 8만 명 아닌가? 그러니 가까이에 8㎞나 되는 긴 수도교를 놓아 물을 조달하기도 했지.

고대 그리스의 석조 스피커
많이 파괴되어 지금으로서는 구체적으로 어떻게 생겼고 어떻게 사용했는지는 모른다.

치를 봐가면서 동시에 어떻게 해서든지 중앙 세력인 로마를 업고 자기 지위를 유지하려고 했다. 그래서 카이사레아 같은 도시도 건설하여 로마 황제(카이사르)에게 바친 것이지 괜히 바쳤겠나?

고대 카이사레아가 얼마만큼 굉장한 도시였으면 이런(←) 4000명 규모의 극장이 다 건축되었겠나? 지금도 국제적인 이스라엘 음악제가 여기서 열린다.

그건 그렇다 치고, 판 신은 목축(牧畜)의 신. 살긴 숲속에서 살되 잠은 이런 바위 동굴에서 잤나보다. 그냥 짐작이 되는데… 그런 그, 판 신은 외로웠지. 워낙 흉물스럽게 생겨 장가도 못 갔다. 그러니 비혼주의자도 아닌 입장에서 스트레스가 엄청 많았지. 그래서 가끔 동굴 속에서 엄청난 파워의 괴성을 질러 모든 생명은 물론 산천초목들까지 공포에 떨게 했다고 한다. 혹시 동굴에서 소리를 지르면 동굴이 울림통 작용을 하여 소리가 더 커졌던 건 아닐까? 천연 확성기 효과?

나는 그리스의 펠로폰네소스 반도에 있는 고대 올림픽 경기장에서 이런 고대 확성기(49쪽 ←)를 보고 판 신과 연결해봤다. 경기 진행을 경기장 밖의 군중들에게 중계는 해야겠고…. 전기식 확성기가 있을 리 없던 시절, 그래서 큰 아치형의 석조 구조물을 만들어 거기에다 대고 소리를 질러 그걸 확성기로 사용했던 것이 일부 남아 있는 것을 봤거든.

판 신으로 하여 만들어진 영어 어휘들

이렇게 판 신이 소리를 질러 공포감을 주는 바람에 영어 단어에 panic이란 말이 생겼지.

panic : (갑작스러운) 극심한 공포, 공황

(크게 무서워하여) 허둥지둥함, 공황 상태

겁에 질려 어쩔 줄 모르다(모르게 하다)

공황 상태에 빠지다(빠지게 하다)

The stock market crashed and investors panicked.

증시가 폭락하여 투자가들이 패닉상태에 빠졌다.

판 신이 (뒤에서 나오는 건데…) 하도 흉물스럽게 태어나 천상의 '모~든' 신들이 가지고 놀았다고 해서 'pan-' 은 '모든' 이라는 단어를 만든다.

Pan-Korea : 전(全) 한국

Pan-American : 전 미국의

Pan-Pacific : 전 태평양 pacific (평화적인, 고요한, 온화한)

Panasonic : 일본의 전자회사 이름, 모든 소리라는 의미, * son-은 소리란 뜻

pancosmism : (철학) 범우주론

pandemic : 전국적, 전 세계적 유행병 * demo-는 사람

panorama : 모든 풍경, 파노라마 * -horama는 그리스어로 view

pantheism : 범신론 (汎神論: 일체의 자연은 곧 신이며, 신은 곧 일체의 자연이라고 하는 종교 철학적 학설), pantheist : 범신론자

pantomime : 팬터마임, 무언극 (모두 흉내낸다는 뜻), 고대 그리스의 광대극 * mimic (모방의, 흉내 내는, ~사람, ~배우)

==

판 신의 출생 과정이라…

숲속에 살면서 염소 떼나 몰고 밤이 오면 동굴에서
자니 남들 보기엔 한량(閑良)처럼 보였겠지만 정작
판 신 본인은 넘 외로워 고압 스트레스가 쌓였을 게
다. 그럼, 왜 외로웠을까? 아, 왜긴? 고대 조각물에서
본 그는 우선 생김새가 참, 정말 추접스럽게 생겼다.
얼굴이며 상반신은 그런 대로 인간이라지만 머리엔
흉측스런 염소의 뿔이 달려 있는데다가, 온 몸에 시커
먼 염소털이 나 있고, 뒷발굽은 염소같이 갈라져 있
다. 뿐만 아니라 꽁지도 달려 있다. 즉 반은 인간이고
반은 염소인 괴물(mutant)이다.

그러니 누가 판에게 애인 하여 줬겠나? 다른 신들
은 온갖 짓으로 운우지정(雲雨之情)을 즐기는데.

그럼, 이런 판 신은 어쩌다가 그런 몰골로 태어나
게 됐을까? 바로 그 과정이 이번 이야기의 소재다.

판 신은 제우스의 전령신 헤르메스가 염소로 둔갑
하여 인간 왕비를 덮쳐서 태어났기에 보시다시피 반
은 염소의 모양을 하고 있다. 그래서 판 신은 여러 여
신들에게 귀여운 놀림감이나 되고, 그러니 하계의 소
년들에게나 작업 걸고… 그랬다. 지금 자기가 발명한
팬파이프를 주면서 소년에게 작업을 걸고 계시다.(↗)

판 신 생김새
소년에게 작업을 걸고 있는 중. "얘야, 이 아저씨 말 잘 들어. 아저씨가 발명한 판피리도 줄게, 알았지?" 판 신의 '물건' 과 염소 발굽을 잘 보실 것.

미인은 언제나 음한 놈들의 표적

앞에서 이야기한 이타카 왕국의 왕 오디세우스. 그는 절세 미녀에 아주 정숙하기로 소문난 아내 페넬로페와 행복했다. 그런데 그 가기 싫은 트로이 전쟁에 그만 그리스 연합군 총사령관으로 억지 출정하게 된 것. 게다가 그 전쟁은 편을 갈라 전쟁을 즐긴 신들의 장난으로 질질 10년을 끌었다.

그러는 기간에 그의 아내를 제우스의 전령신 헤르메스가 덮쳐서 판이 태어났다는 것. 그 과정이 우리 구경꾼들에게는 아주 재미있는데, 그리스 신화 전체의 흐름이 그렇듯이 내용은 물론 19금(禁)이다.

왕비 페넬로페는 아주 정숙한 여인이었다고 했다.

음욕에 눈이 먼 헤르메스
이 사진은 스위스의 수도 취리히의 UBS(the Union Bank of Switzerland) 은행 문에서 촬영하여 패러디했다. 헤르메스가 양손에 전령신의 심벌인 카두케우스(caduceus, 뱀이 휘감겨 있는 지휘봉)를 들고 있다.

요렇고롬 변신했지!^^
실제로 그리스 산야에서 많은 염소 떼들을 보았다. 그럴 때마다 염소에 얽힌 그리스 신화들을 떠올리곤 했다. '아, 저래서 신화 속에 염소들이 등장하는구나.'

그러나 왕비 이전에… 여인이었지. 아무리 정숙하고 신분이 왕비라곤 하지만 우선 뜨거운 육체를 가진 젊은 여자였던 것. 그 먼 트로이로 원정 간 남편 오디세우스는 감감 무소식. 그러니 너무 오랜 세월 독수공방이라, 그러자니 몸이 여간… 좀… 그랬겠나? 그걸 간파한 제우스의 전령신 헤르메스가 음심을 품었는데…. 근데, 그 여자가 워낙 정숙해서 그냥은 작업이 잘 안 걸어지겠거든.

그래서 헤르메스는 잔머리를 굴린다. 원래가 약은 데다 태어나자마자 태양신의 양떼를 훔칠 정도로 약삭빨랐던 터라 머리를 굴린다. 그리고는 스을쩍 숫염소로 둔갑을 하고는 슬금슬금 그녀에게 접근해간 것.

지금 잣대로 판단해서는 안 맞는
고대 그리스의 성 문화

당시 그리스의 성 문화는 지금의 우리하고는 아주 달랐다. 동성애는 오히려 품격 높은 남자일수록 소년을 선택하여 사랑하는 건 기본이었고, 사람과 짐승(대체로 가축)과의 관계, 즉 수간(獸姦)도 흔했던 시대였다. 가령 들에서 양이나 치는 목동들, 그 끓는 성욕, 어디 가서 무슨 수로 푸나? 곁에 있는 거라고는 양들뿐인데….

또 몇 년씩 타국에 원정 나가 있는 군인들, 무슨 재주로 수시로 몸을 푸나? 곁에 있는 건 병사 남자들뿐인데…. 그래서 당시 군인들은 개인적으로 방패잡이

방패잡이 소년
전투장면을 묘사한 부조. 무서웠겠지. 몸을 사리고 있는 모양이네. 허긴 눈앞에서 사람들이 "퍽퍽" 창에 찔려 피를 뿌리며 죽는데…. 소년 뒤의 남자 배의 식스 팩을 보시라. 그리스 파르나소스산의 델포이 박물관에서 발견, 촬영했다.

소년을 데리고 다녔다. 전투 시에는 주인이 두 팔로 창을 잘 쓰게 그 무거운 방패를 들고 요리조리 주인을 막아주고 밤에는 성애의 대상이 되어주고….

아, 그러면서 주인은 먼저 태어나 살아본 경험으로 방패잡이 소년의 인생 멘토가 되어주기도 했다. 그러다가 소년이 18살 정도 되어 장성하면 결혼하도록 놓아주었다. 그러면 그 녀석도 전투에 나갈 때 또 방패잡이 소년을 구해 한 명 데리고 갔고….

당시 지중해 일대의 문화이기에 구약 성경 사무엘상 17장 7절에 보면 블레셋의 장군 골리앗도 방패잡이를 앞세우고 나왔다는 이야기가 실려 있다. 그림 속의 방패잡이가 두려워하는 표정을 짓고 있네. 지금 골리앗이 소년 다윗이 던진 물맷돌에 맞은 순간이다.

거인 장수 골리앗과 방패잡이. 〈깨어라〉에서 차용.

육체가 고픈 병을 어이 할꼬

왕비 페넬로페는 괴로워, 몸뚱이가. 넘 외로워서…. 오늘도 그런 터에 순진(?)하게 생긴 숫염소 한 마리가 다가오네? 그래 짐승이긴 하지만 그래도 따뜻한 육체 잖아? 뭐라도 품고 한껏 발산하고 싶었던 거지. 그래서 고걸 살살 침실로 데리고 들어왔겠다. 어때? 좋지!

정숙하다는 왕비, 하는 짓 좀 봐

염소로 둔갑한 엉큼한 헤르메스가 왕비 앞에서 능청을 떤다.

게다가 염소니까 밖에 나가서 소문도 못 낼 거 아냐?

이래서 염소로 둔갑한 헤르메스는 드디어 그녀의 침실로 들어가게 됐고, 그녀의 품에 안기는 데까지 진도가 나간다. 왕비는 참아왔던 욕정에 못 이겨 요리조리 염소를 어르고…. (이거, 내가 19금 소설을 쓰고 있네.)

위 사진을 보시라(↑). 필자가 이집트의 수도 카이로, 나일강변의 옛 알게지라(Al Gezirah) 궁전이었던 호텔에 묵었을 때 거기 로비에서 '척!' 눈에 띈 대리석 조각이다. 아, 오디세우스 왕의 정숙합네 하는 왕비가 그것도 침실에서, 망측하게도 숫염소를 데리고 이거 뭐하는 짓이여? 포도송이를 들고 어르고 있지 않나? 오른손엔 탬버린까지 들고 말이지. 발 앞에는 캐스터네츠도 하나 있네?

그저 염소인 척하고 그녀 하는 대로 몸을 갖다 맡기면서 찬스만 노리고 있던 헤르메스. 그러다가 절정의 순간! 고 놈 염소, 아니 헤르메스, 갑자기 '꺙!' 왕비를 타고 누르니 "어머머머! 이놈의 염소가!" 왕비는 난리를 쳤지만 때는 벌~써 늦었지. 그대로 당한 거다. (또는 난리치는 척만 했던 건지.) 이미 상황 끝. '어머머, 난 몰라….'

시간도 얼마 안 걸렸을 게다. 드디어 욕정을 채운 헤르메스. 그 뒤는 나 몰라라 하고 토껴 올림포스 천상으로 올라가버린다. 일 치르고 나면 바로 튀는 게 또한 올림포스 신들의 주특기.

불임 같은 건 없어, 신화의 세계에서는

그리스 신화에서 불임이란 말을 들어본 적이 있으신가? 그저, 뭐든지 덮쳤다 하면 단 한 방에 임신이다. 그리스 신화에서 정상적인 부부의 침실 이야기는 너무 시시해서인지 안 나온다. 죄다 음욕의 불륜 작업

인데 그 다음 장면은? 무조건 직방 임신이다.

　그렇게 원정 중인 오디세우스 왕의 왕비는 임신을 하셨다. '아이구, 이걸 어째?' 그땐 또 임신 중절이란 말도, 그런 의술도 몰랐다. 그런데도 달을 채운 아이

~ 매에 ~
~ 엄마아
에구머나!

는 한사코 나오게 되어 있으니 도리 있나? 아기를 낳았는데…, 또 한 번 "아이구, 엄마야!" 왕비는 기겁을 하신다. 세상에 이런 흉물스런 아기가 있나? 사내아이를 낳았는데 위에서 말한 대로 머리엔 염소 뿔, 몸은 염소 털, 발굽은 갈라지고. 어라! 꽁지까지 달려 있네?

　'엄마야, 난 몰라…'. 너무나 흉측한 모습에 혼비백산한 왕비, 모성애고 뭐고 아이를 영아 유기해버리신다. 오죽했으면 그랬을 것이며, 그래도 어미인데 그 마음은 또 얼마나 찢어졌을까.

올림포스 천상(天上)의 노리개가 된 판

이 장면을 그 나쁜 놈 헤르메스가 천상에서 내려다 봤다. 일말의 양심은 있었는지 애비랍시고 이 염소 닮은 괴물 아들을 자기가 사는 올림포스 천상으로 데리고 올라간 거다.

자, 이래서 판 신 이야기가 이루어지는데, 그리스 신화는 다신교라 신들이 셀 수 없이 많지. 그 많은 올림포스의 '모~든' 신들. 사실 하는 일이 뭐 있나? 다들 진짜 고등 룸펜들이지. 그 고등 룸펜 신들은 그 허구한 날을 뭘로 소일 하나? 사실 소일거리가 없어 심~심하지. 신 노릇도 재미가 없지.

늘 그렇게 지내던 차에 잘 됐지. 자기네들이 보았

고놈 참 귀엽네 그라... 오디세우스가 트로이 전쟁에 간 사이에 헤르메스 놈이 염소로 둔갑하여 그의 마누라를 덮쳐서 낳은 거라며?

놀림감이 된 어린 판 신
참 할 일들 없는 올림포스 신들.

을 때도 꿋발이 제일 약한 헤르메스(출세는 빨리 해서 12신에 들었을 뿐만 아니라 위대한 제우스의 전령신이시다) 가 아주 괴상망측하게 생긴, 어린 걸 하나 데리고 올라왔으니. 그래서 '모~든' 신들이 소일거리로 이 염소 닮은 아이를 데리고 논 거다. "야, 고~놈 참 귀엽네 그랴. 오디세우스가 트로이 전쟁에 간 사이에 헤르메스가 염소로 둔갑하여 그의 마누라를 덮쳐서 낳은 거라며?" 하고 뿔도 만져보고 꽁지도 잡아당겨 본다. 이 '모~든' 이란 말을 그리스어로 'pan' 이라고 한다. 그래서 올림포스 모~든 신들이 귀여워했다 하여 그 괴물 아이 신의 이름이 판(Pan)이 됐지.

고상하시다, 판 신의 취미

염소로 둔갑했던 신과 인간 여자의 짬뽕인 판은 그래도 제우스의 전령신 헤르메스의 핏줄이라 그리스 남부 펠로폰네소스 반도의 목축의 신이 됐다. 염소들이 새끼를 잘 낳게 돌본다. 야수들로부터 보호한다. 게다가 어쭈? 양봉까지 겸한다. 이건 가축업도 아니니 알바로 하나 더 뛴 것. (그 당시에도 양봉이 있었다는 걸 이런 기회에 알아두자.)

그러면서도 같은 동물이라도 가축이 아닌 것은 그래도 되는 건지 사냥꾼들이 짐승 잡는 걸 도와줬다고 한다. 허긴 그런 사나운 동물은 양이나 염소들을 해치니

팬파이프를 발명한 판의 애비 전령신 헤르메스.파리 루브르 박물관.

(왼쪽) 아테네 아크로폴리스 언덕 아래에서 팬파이프를 부는 사람. (오른쪽) 팬파이프

까 자기 염소 보호 차원에서 그럴 법도 했겠다.

그렇다보니 판은 숲에서 살았는데… 되게 심심했던 모양이다. 갈대를 각기 다른 길이로 잘라 하나로 엮어 희한한 피리를 만들어 불었는데, 그 음률이 기가 막혔단다. 그래서 그 피리를 팬파이프(panpipe)라고 한다. 요새도 많이 쓰이고 있지.

주특기로 한판에 끝내버린 판 신!

판 신의 주특기는 방사능 염려도 없는 핵 차원의 무기가 있었는데, 그게 바로 무시무시한 괴성을 지르는 것이라고 했다. 신들의 싸움, 스타워즈랄까? 그중 이런 코믹한 전투 하나 소개할까. 우주의 패권을 누가 잡느냐로 싸우던 때. 올림포스 제우스 신 팀이 기득권자인 거인 신들과 싸워 아주 간신히 이겼다. 그래놓고 한숨 돌릴 만하니까 이번엔 티폰이 들이닥쳤네. 이건 정말 '무시무시한' 괴물. 그 무서운 태풍(typhoon)이란 말도 여기서 나온 말이다.

제우스를 왕초로 한 올림포스 신들이 티폰과의 싸움에서 한참 밀렸다! 그리고 결국 졌다. 진 정도가 아니라 총대장 제우스가 손과 발의 힘줄을 다 빼앗겨 흐물흐물해진 채로 티폰의 동굴 속에 갇혀버린 신세가 되어버리고 만다.

그러니 어쩔 건가? "우리의 왕초를 구하자!" 도둑질 도사 헤르메스와 괴성 잘 지르는 판이 제우스를 구조하러 갔다. 가서는 어떻게 했나? 뭐, 작전이랄 것도 따로 없었다. 그냥 판이 주특기를 살려 벽력 같은 괴성을 지르자 제우스를 감시하고 있던 티폰의 여동

내가 누구여?
뇌성벽력 한 방으로
끝내줘 뿌렀지

생 괴녀가 혼비백산, 내튀었던 것. 그때 제우스는 후다닥 도망쳐 나오고, 헤르메스는 동굴에 들어가서 금고를 열었다. (그는 도둑의 신도 된다고 하지 않나?

그러니 까짓 금고털이 정도야…) 제우스의 힘줄을 도로 찾아다 얼른 제우스에게 붙여주었다.

그러자 원기를 되찾은 제우스가 머리를 굴려 상황을 뒤집어 티폰을 이기고 우주의 패권을 잡게 됐다. 티폰들은 모조리 지금의 시칠리아섬 에트나 화산 아래 무저갱에 가둬 놨고.

고대 역사 속에서도 판 신이 활약?

판 신은 그 공포의 괴성 지르기로 인류의 역사에도 참여(?)했다. 페르시아 군이 그리스를 침공했을 때 그 유명한 마라톤 전투에서 실력을 발휘했다. 페르시아 군 뒤쪽에서 판 신이 냅다 괴성을 질러버리자 페르시아 군이 'panic' 하여 주저앉고 비실거리다 결국 전투에 패배했다는 것. 그때부터 "야, 우리의 판 신께서 도와주셨도다!" 하고 아테네는 본격적으로 판 신을 높이 모셨다는 거다. 그게 기원전 490년. 그러니까 알렉산더도 판 신을 중하게 모신 거다.

하나 추가요

그런가 하면 판에게는 이런 능력도 있었다. 그걸 어디서 배웠는지 타고 났는지 알 수 없지만, 그에게는 예언의 능력이 있었다. 그래서 태양신에다 음악의 신

그리스 중부 파르나소스 산 중턱 델포이의 아폴로 신전 자리
남들 위해 신점 쳐주던 아폴로도 제 앞일은 몰라. 기원 380년, 테오도시우스 황제의 로마의 기독교 국교화 이후 폭망하여 이젠 그저…. 그 나마도 무너지다 만 기둥 6개만 남은 신세다.

인 아폴로가 바로 이 판에게 졸라서 얻은 실력으로 그 예언·신탁으로 유명한 델포이에 점집을 차렸고 그렇게 문전성시를 이뤘다는 것. 원래 원조집보다 'The 원조집'이 the 장사가 잘 되는 경우가 있지.

　　판 신 이야기는 여기까지.

판 신의 음악 놀이판이 새겨진 은접시

판은 양을 치는 지팡이에 자신의 심벌 팬파이프를 불고 있고, 판이 짝사랑했던 요정 시링크스는 피리 두 개로 합주를 하고 있다. 판이 이 요정을 어떻게 좀 해보려고 쫓아가 붙잡았는데…. 어렵쇼? 그냥 갈대만 잡히고 요정은 온 데 간 데 없더라니? 그 허망함, 그 슬픔이라니. 판은 그 갈대를 잘라 피리를 만들었는데 그게 팬파이프다. 4세기 로마 시대.

염소 출신인 판 신이 염소를 덮치고 있네
이탈리아 나폴리 국립 고고학 박물관에서 만났다. 차마 좀 그런 부분
은 내가 19금 사인으로 가렸다. 여러분이 가시게 되거든 확인하시라^^

←
한사코 안 가려고 하는 염소 뿔을 잡고 어디론가 끌고 가는 판 신
벌써 판 신의 저 흉물스러운(?) 표정과 염소의 괴로운 표정을 보면 알
만한 일. 서기 150년 무렵 제작된 것. 팬파이프를 들고 있었을 오른손
은 없어졌다. 염소의 일부도 복원된 거고. 그리스 아테네의 아고라 고
대 박물관에서 촬영.

염소를 희롱하고 있는 판 신
이집트 카이로 나일강변의 왕년의 알 게지라(Al Gezirah) 궁전을 개조
한 소피텔 카이로 나일 알 게지라 호텔 입구(아래 사진)에 있는 흉측
맞은 판 신이다. 판 신의 꽁지 달린 뒷모습도 보인다. 바닥에는 판 신
의 팬파이프가 있다.

대부호의 저택에서 피리를 불고 있는 판 신
미국 역사상 가장 크고 역사적 가치가 높은 개인 주택, 노스캐롤라이나주 애슈빌
(Asheville)시에 있는 빌트모어 씨의 대저택 정원에서 만났다. 판 신의 무릎 위엔 염소
가죽, 다리 뒤엔 그의 심벌인 팬파이프를 걸어놨다. 판의 궁둥이 뒤쪽을 끼고 돌고 있는
케루빔(어린이)의 발을 잘 보시라. 염소같이 굽이 갈라져 있다. 지금은 이 시(市)의 관광
수입에 크게 일조하는 주요한 관광지가 됐으니까 들어가 볼 수 있었지 그렇지 않으
면 어림도 없었을 일. 어떻게 보느냐에 달렸는데, 이 어마어마한 성 같은 저택을 돌아보
고 산책 코스까지 다 돌아보는 데 하루 종일 걸린다.

미의 여신 아프로디테에게 혼쭐나는 판 신

폼페이 유적에서 발굴된 춘화 수준의 벽화들 중에서도 알짜배기는 나폴리 국립 박물관 성인용 전시실에 별도로 전시되고 있어 거기에서 발견한 것 판 신이 또 뭔가 엉큼한 짓을 하려 했고, 미의 여신 아프로디테가 무언가로 겁을 주어 판 신이 놀라 질겁하는 모양이다.

다음 쪽의 조각 사진이 판 신이 미의 여신 아프로디테에게 혼쭐나는 장면이다. 아프로디테가 신발짝으로 때릴 참이다.

못생긴 Pan 神이
美의 여신 비너스에게
작업 걸려다가
신발짝으로
얻어맞는 장면이야

가엾어 …

미의 여신 아프로디테에게 신발짝으로 얻어맞는 판 신
흉물스럽게 생긴 판 신이 주제 파악을 못하고 감히 아프로디테에게
작업 걸려다가 개망신 당하기 직전이다. 그러나 판 신의 그 용기 하나
는 가상하지. 그리스 아테네의 국립 고고학 박물관에서 만났다.

발바닥의 가시를 빼주는 판 신
원래 판 신은 의술도 좀 겸했으며 음악에도 조예가 깊다. 로마 바티칸
박물관.

3

우주적인 이름의 신 아폴로

아테네 국제공항에서 만난 아폴로 항공기

←
어머니의 원수 큰뱀 피톤을 방금 쏜 아폴로
막 화살이 활시위를 떠난 순간이다. 미대 시절 소묘 실기의 대상으로 석고로 된 부분 흉상으로만 보았던 아폴로 전신상을 그로부터 30년이나 지난 후에 러시아 상트페테르부르크 에르미타주(겨울궁전) 미술관에서 만났고, 이렇게 내 카메라로 사진도 촬영할 수 있었다. 참 기적 같은 상봉이지.
독자들 중에도 미술 공부 하는 분 중에 이 아폴로를 흉상까지만 본 분이 계신가? 이 전신상을 처음 보고 반가워할 분이 있으리라 생각한다. 이것은 기원전 4세기에 청동으로 만들어진 것을 로마 시대에 와서 대리석으로 모각(模刻 : 이미 있는 조각 작품을 그대로 보고 제작)한 것 그것을 다시 석고로 떠 대량 생산한 것이 학교 소묘실과 미술 학원 등에 있는 거다.

미대에 들어가 보니

홍대 미대에 '용케' 합격했다. 강의실에 들어가 보니 과(科) 친구들이, '야!' 전국 각지에서 그림으로 한 가닥 안 한 친구가 없었다.

소묘 시간에는 실기실에서 집단으로 석고 소묘를 하는데, 다른 과목과 달리 그려놓은 것이 바로 자기 실력이라… 그대로 다 드러나지. 그러니 석고 소묘 수업 시간이면 그야말로 있는 내공 없는 내공 모두 짜내어 친구들과 대결하듯 해야 했다.

그때 그리스 신 아폴로를 비록 석고상으로나마 정식으로 만났다. 그 이전 중고교 시절에도 미술실과 미술 재료를 사러 들르던 화방에서 보긴 했지만 그땐 그냥 본 것이지 제대로 본 게 아니었다. 그러나! 홍대 입학 후부터는 내가 석고상들을 정말 어떻게 관철(觀徹)하고 얼마만큼 뛰어나게 묘사하느냐, 그래서 이런 양산박 같은 과(科)에서 인정받느냐 마느냐의 소리 없는 대결의 장(場)이 되었다. 아, 지금도 그립다 그때가.

신화에 대해서 몰라도 너무들 몰라

석고상으로 보는 아폴로. 참 큼직한 코 하며 입체적인 서양 얼굴로 준수한 미남. 처음엔 정말 아무것도 몰라 그저 명칭이 아폴로라는 것만 알았기에 '혹시

아폴로여, 너는 지금 나의 소묘 대상
그리스의 태양의 신, 음악의 신, 예언의 신이다. 보다시피 어깨가 떡 벌어진 남성미 최고의 신이시다. 그런데 성질은 좀 그렇지 못했다. 급하고…

데생 실습은 내공 대결
석고 데생 중인 나의 홍대생 시절. 지금 목탄(炭)으로 로마 공화정 말기에 줄리우스 시저/율리우스 카이사르를 암살한 정치가 브루투스의 두상을 소묘하는 중.

여자가 아닐까…' 하는 생각도 했다. 수염 한 오라기 없이 하도 깨끗하게 생겨서. 하지만 넓은 어깨가 드러나도록 멋있게 주름진 홑이불 같은 것(toga)을 걸친 당당한 폼을 보면 남자인 건 확실했다. 그러면서도 '후까시(ふかし)'를 넣은 여성 머리 같은 헤어스타일을 하고 있어서 여전히 헷갈리긴 했지. 그땐 아폴로라는 서양 이름이 남성 이름인지 여성 이름인지에 대한 상식도 없었다. (그땐 그런 시대였다.)

나도 이제 미대생쯤 됐으니 우리가 대결하듯 그리는 석고상에 대해서 알고 싶었다. 하루는 2학년 상급생에게 물었다. "형, 저 아폴로가 뭐죠?" "그리스 신이래." 물어본 나나 대답이라고 한 상급생이나….

당시 주변엔 그 이상 알 만한 사람이 없었던 거다.

그럼, 교수님께 여쭤보지 그랬어? 어이구, 어떻게 그런 걸 물으러 감히 교수님 방을 노크해? 그땐 교수님이라면 그저 하늘같이 어렵기만 한 분이셨다. 지금 생각해보니 질문 안 드리길 잘했다. 괜히 교수님 난처하게 해드려놓고 서로 민망할 뻔했지.

그래도 나는 좀 알고 싶다

미대생이 고작 '저 석고상이 아폴로' 라는 정도밖에 모른다? '알고 싶은데…' 하는 생각이 들었다. 그러나 그때의 생각은 결국 그냥 생각이었을 뿐. 당시(1965년) 환경으로서는 뭐 어디 더, 알아볼 데도 물어볼 데도 없었다.

그러나 뜻이 있는 곳에 길이 있는 법. 재학 중 해군에 입대해 상륙('외출' 의 해군 용어) 나갔다가, 책 한 권을 만난 거다. 을유문화사에서 출간한 세계문학전집 중에서 36권, 《그리샤 로오마 신화》라는 책이었다. '야, 세상에 이런 책이 다 있었나?' 싶은 호기심에 거금 주고 구입했다. 정가 딱 600원. 당시(1967년) 일병 봉급이 400원 선이었으니 말이지.

그리고 그때부터 읽기 시작. '와, 세상에… 이런 세계가 있었구나…' 참으로 그 안에는 엄청난 그리스 신들의 세계가 들어 있었던 것. 그때부터 '몰입!'

우선 아폴로 신에 대해서 알아보니, 태양의 신, 음

악의 신, 예언의 신, 의술의 신이라는 것. 활은 태어나
면서부터 도사. 아니, 그냥 신궁(神弓)이시다. 신이니
까 신이 활을 쏘면 신궁 아닌가?

'아폴로' 유인 우주선, 달에 갔다 오다

선임수병(해군 내무실에서의 최고참 병장)이 되고
호위통제경비함(벽파함, PCE-57, Patrol Control
Escort)에 승조해 동해를 경비하고 있던 1969년 7월
16일, 아폴로 신의 이름을 딴 유인 우주선 아폴로 11
호가 달에 착륙했다. 미국 우주인 암스트롱과 올드린
이 최초로 달에 인류의 발자국을 남긴 거다.

이건 정말이지 인류사에 더 없이 찬란한 획을 그은
일. 그날은 지구 인구 중 가장 많은 사람들이 TV 앞에
몰려 앉은 날이라고도 했다. '아폴로, 아폴로 호' 그
준수하게 생긴 그리스 신의 이름을 딴 미국 우주선.

그 시절 우주를 수놓은
그리스 로마 신들의 이름

1960년대는 미사일 같은 군사 무기나 우주선에 특
히 그리스 로마 신화에서 이름을 따 명명하는 것이 흐
름이던 시절이었다. 그런데 왜, 달에 가는 우주선이면
이름이 로마 신화에서 달의 여신인 루나(Luna)라든지

1970년 여름 아폴로 11호 서울 순회 전시
서울 덕수궁 동북 코너(시청 서편) 당시 국립공보관에서 아폴로 11호
세계 순회전이 열렸다. 당시로서는 굉장한 전시여서 사진에서 보다시
피 관람객이 줄을 이었다. 우주 로켓 좋아하는 나, 이때 아폴로 11호의
각종 모형들과 생생한 사진, 그리고 월석(月石)을 직접 볼 수 있었다.

아니면 그리스 신화의 셀레네(Selene)가 될 것 같은
데, 미국의 달 우주선 이름이 태양신 아폴로였을까?

내가 묻고 내가 답하는 건데, 달의 여신 루나(Luna)
라는 이름은 우주 개발을 먼저 시작한 소련이 이미 사
용하고 있었던 것. 선발 주자로 우주 경쟁에서 미국을
훨씬 앞질러 있던 소련은 1958년 이미 '루나 계획'이
라 하여 달 위성을 계속 발사하고 있던 터. 냉전 시대
경쟁국 미국을 약 올리는 재미도 컸겠지.

1959년 10월에는 루나 3호가 인류 최초로 달의 뒷
면을 촬영하는 데까지 성공했다. 그렇다고 해서 미국

이 또 다른 달의 여신 이름을 따 그리스 신화의 셀레
네나 아르테미스, 아니면 로마 신화의 디아나(Diana)
라고 하기도 좀 그랬을 거다. 게다가 그렇게 비켜간
이름들은 루나같이 확실하고 강력한 맛도 없다. 그럴
바에야 차라리 달을 포함해버린 태양계 전체를 커버
하는 이름, 아주 강력한 태양신의 이름, 또 다른 의미
를 붙이자면 달의 여신 루나(아르테미스)의 오빠인
'아폴로'로 한 것이 아닐까. (* 그 이름은 당시 NASA
의 에이브 실버스타인이 지었다고 한다.)

아폴로 우주선을 쏘아올린 바로 그 로켓 '새턴'

정말 멋진 작품. 예술로서도 더 없이 멋진 조형물. 미국 플로리다주 케
이프 커내버럴에서 만난 새턴(Saturn; 토성) 로켓. 새턴 로켓 시리즈는
무거운 화물을 지구 궤도와 그 궤도 밖으로 실어 올리기 위해 개발된
로켓으로 아폴로 계획을 위한 발사체로 채택되었다. 새턴은 그리스 신
화에서 제우스의 아버지인 크로노스(Cronos)의 로마식 이름이 영어로
들어온 것
1959년, 미국 우주 로켓의 아버지 폰 브라운 박사는 이 로켓의 이름을
'주피터(Jupiter 목성)'에서 한 단계 나아간 '새턴'으로 명명하자고 제
안했고, ARPA(미국방위고등연구계획국)는 이를 승인했다. 그와 함께
군사적으로는 바로 응용할 수 없는 이 강력한 로켓 계획을 새로 구성
된 NASA로 이관했다. "냉전 시대에 우주과학이 엄청 발전했다. 로켓
앞에 있는 사람들과 크기를 한 번 비교해보시라."

이렇게 생긴 우주선이 우주인을 싣고 달에 갔다 왔다. 미국 워싱턴의 국립 항공 우주 박물관에서 만났다.

나중에 소련 붕괴 후 진짜 국력이 드러난 걸 보니 당시 소련은 없는 돈에 미국 앞서기를 유지하느라 뱁새가 황새 쫓아가느라고 가랑이가 찢어지던 중이었다. 그에 반해 미국은 전성 시대였던 것. 치열한 접전 끝에 미국은 1960년대를 반 년 남겨놓고 아폴로 11호 우주선으로 세 우주인을 달에 갔다 오게 한 거다. 이때를 기점으로 미국이 우주 경쟁에서 선발주자인 소련을

확실하게, 넉넉하게 앞선다. 그 아폴로 11호라고 하는, 이 인류사적인 달 우주선 이름으로 해서 '아폴로'라는 이름은 한국에서도 모르는 사람이 없게 됐지. 그런데 또 하나의 아폴로가 이름을 날리는 엉뚱한 사건이 우리나라에서 터진다.

이런 아폴로는 또 어떡하구
'아폴로 눈병'이라는 거

1969년 7월, 오비이락(烏飛梨落)이라. 정말로 까마귀 날자 배가 떨어졌다. 아폴로 11호 우주선이 달에 갔다 오는 그 역사적인 여름에 우리나라에서는 갑작스럽게 눈병이 돈 거다. 아주 전국을 휩쓸었지. 학교마다 난리였고…. 그 바람에 전국의 수영장이 폐쇄되는 등 비상이 걸렸다. 많은 사람들이 시뻘게진 눈을 하고 다녀야 했는데, 양쪽 눈 모두 그 지경이니 두 눈에 모두 안대를 할 수도 없고…. 그땐 하도 그런 사람이 많아서 그게 뭐 자기만 흉 될 일도 아니긴 했지만.

그걸 안과 전문 용어로는 '급성출혈성결막염'이라고 한다는데 그걸 누가 간단하게 '아폴로 눈병'이라고 이름을 붙였는지. 그리고 어떻게 전국적으로 통일된 용어로 사용하게 됐는지…. 그 이후 그 말이 그냥 민간 차원의 병명이 되어 오늘에 이른다.

하긴 급성출혈성결막염이네 뭐네 하고 잘 알지도

못할 말을 외워서 더듬거리며 옮기느니 '아폴로 눈병' 하면 얼마나 간단 명쾌한가. 내가 안과에 대해 뭘 알겠냐마는 우리 시대에 발생된 일이라 경험으로 안다. 듣자하니 약 5년에서 10년 주기로 대유행을 한다나? 다행인 건, 잠복기도 짧고 경과 기간도 일주일 정도로 아주 짧다. 뭐 특별한 치료 안 해도 낫는다는 것.

그건 그렇고 그리스의 아폴로 신이 한국의 유행성 눈병과 뭔 관계가 있담? 하긴 아폴로는 태양의 신, 음악의 신, 예언의 신에 의술의 신이기도 하니 그 의술에 갖다 페어 맞추면 억지로나마 말이 되긴 된다. 질병과 의술은 한 묶음 아닌가? 게다가 아폴로는 의술의 신이지만 무슨 병을 고쳐준 게 아니라 주로 징계의 수단으로 역병을 퍼뜨리는 일을 했다는 것. 말하자면

How
embarrassing

아폴로가 아폴로 눈병에 걸려?

'역병의 신'이다. 그렇다면 몇 년 동안 우리를 괴롭힌 코로나 19도 이 아폴로의 소행? '그럴지도 몰라.'

그럼, 이제부터 아폴로의 신원을 스캔하자

내가 그리스 신화, 아폴로에 접근하게 된 변죽을 여러 가지로 울렸다. 하긴 이게 다 아폴로가 우리 곁에 와 있은 지 오래라는 소리지.

우선 아폴로는 수많은 그리스 신들 중에서도 올림포스 12신에 입각한 몸이시다. 특히 옛 그리스인들이 추구하던 지성에, 미남에, 멋진 육체미 등 흠 없는 이상형의 남성상이다.

넓은 어깨에 알맞은 활배근, 그 아래로 부드러운 식스팩(six-pack, abs, 임금 王子, 초컬릿 복근), 늘씬한 허리, 근육으로 다져졌으면서도 자르르 흐르는 멋진 대퇴부 등 완벽한 균형의 남성 육체미를 갖춘 신이다. 강하지만 전체적으로 아름답고 부드러워 미스터 유니버스같이 징그러울 정도로 툭툭 불거져 나온 육체미하고는 다르다. 즉 헤라클레스 스타일이 아니다. (사실 헤라클레스도 그런 '징글 스타일'까지는 아니지만.)

게다가 아폴로는 힘도 '쎄'다. 천하장사 헤라클레스와도 서슴없이 붙어본 적이 있을 정도니까. 어떻게? 어느 날 기분 잡쳤다고 헤라클레스가 신당에서

완벽한 균형의 남성 육체
미를 갖춘 아폴로
강하지만 전체적으로 아
름답고 부드럽다. 자신의
심벌, 황금리라를 들고 있
다. 로마 바티칸 박물관.

청동세발솥이 이렇게 생겼다?
고대 그리스의 청동세발솥을 찾아보려고
했다. 나오질 않네? 그러다가 카자흐스탄
의 박물관에서 이런 걸 발견했다. 꿩 대
신 닭이라고 이걸 쓰자. 따지자면 카
자흐스탄은 러시아의 영향을 많이
받았고 러시아는 그리스의 영향을
많이 받지 않았나. 세 발을 잘 보면
뿔 달린 양의 대가리를 새겨 넣은 것
을 볼 수 있다. 다 그쪽 문화들이지

청동세발솥을 훔쳐가지고 나가다가 아폴로에게 딱
걸렸겠다. 그래서 둘이 세발솥을 잡고 핏대를 올리고
으르렁대다가 아예 힘으로 맞붙은 적이 있었는데 비
겼을 정도다.

　제우스가 말려서 이종(異種)격투기가 중단됐는
데, 이 대목에서 나는 신화에 이런 이야기를 넣은 게
참 희한했다. 천하장사 헤라클레스에게 힘으로 맞먹
는 상대가 있었다? 그럼 헤라클레스는 뭐야? 힘에서
도 만능인 아폴로가 화려한 명품 은빛 활에, 황금빛
번쩍이는 명품 리라를 뜯는다! 그러니 그거 얼마나
선망의 대상이었겠나.

그렇게 잘난 아폴로는 누가, 어떻게 낳았대?

　그런 아폴로는 누가 낳았을까? 누가 누구와의 사

제우스와 레토와 아폴로의 가족사진?
아티카(아테네를 포함한 지역 이름) 동쪽 해안에 있는 아르테미스 성역의 부조. 앉아 있는 제우스, 서 있는 레토, 그리고 아폴로와 동생 아르테미스. 이걸 헤라가 봤으면 미치지 미쳐. B.C. 410년 작품.

랑으로 그렇게 잘난 신을 생산했을까? 어허, 우선 아버지가(애비라는 게 옳겠다) 최고신에 바람둥이 신 제우스다.

아폴로는 정실 부인 쪽으로 출생하진 않았지만, 일단 제우스의 씨라는 배경만으로도 신들의 세계에서 귀하신 몸 대접을 받았다. 그럼 어머니는? 어머니는 레토라고 하는 여신인데 제우스가 덜컥 덮쳐 임신을 했네.

그런데 제우스의 정실 마누라 헤라가 질투성 보복을 해대는 통에 정말 고단한 임신 기간을 보내게 된다. 더욱이 쌍둥이 임신이라 몸은 천근만근, 그런데 어디 안정하고 몸 풀 데가 없다는 것.

아폴로가 태어난 섬 밀로스.

　결국 쌍둥이를 복중에 담고 해산할 곳을 찾아 세계를 헤매고 다닌다. (당시 세계라고 해야 지중해 일대를 말한다만.) "나, 여기서 해산 좀 하게 해줘요." "No!" "Sorry but no!" 아무 데에서도 받아주질 않는다. 왜? 괜히 받아주었다가 최고신의 마누라 헤라 눈에 찍히면 큰일나거든.

　이럴 때 제우스라도 좀 나서서 연막 작전이든 페인트 작전이든 펴서 무서운 헤라의 레이더를 다른 곳으로 돌려놓고, 레토가 안정된 곳에서 해산을 할 수 있게 해줘야 하는데. 제우스는 헤라가 무섭기도 하지만, 또 다른 여신을 쫓아다니기에 바쁘시다. '무정한 제우스.'

　결국 여신 레토는 어찌어찌하여 지금의 아테네와

아, 이 길이 아폴로가 태어난 길이야? 내가 사는 캐나다 토론토 북쪽, 리치먼드 힐시(市)에 이런 밀로스 길이 다 있다는 거. 즉 그리스 로마 신화 문화로 된 나라에는 자연스레 이런 이름도 주위에 있다는 것

크레타 섬 딱 중간에 있는 조그만 섬 밀로스로 가서 몸풀 준비를 한다.

(지도에서) 밀로스에서 델포이 쪽으로 간 빨간 점선은 갓 태어난 아폴로가 자기를 죽이러 왔었던 큰 뱀 피톤을 죽이러 간 행로. 파란 점선은 재판 결과로 크레타 섬에 근신하러 온 경로.

녹색 점선은 근신이 끝난 후 펠로폰네소스 반도로 건너가 판 신을 만나 예언술을 배우게 된 경로. 거기서 다시 파르나소스 산 중턱의 델포이로 가서 신당을 차려 사업에 크게 성공한다.

뭬이야? 레토가 몸 풀 자리를 찾았다구?

헤라는 눈이 확 뒤집힌다. '레토를 걍 죽여버려야 할 텐데…. 저 원수를 걍….' 피톤(Python)이라는 큰 뱀을 긴급 파견한다. "가서 콱 물어 죽여버려!" 이건 말이 뱀이지 준(準) 신격이다. 그때 바다의 신 포세이돈이 파도를 일으켜 높은 물 벽을 만들어 섬을 둘러싸 피톤의 접근을 원천적으로 막아줬다.

포세이돈은 왜 레토의 출산에 협조적이었을까? 자기도 바람둥이니까 동병상련에서 자기의 동생이자 최고

헤라 여신
사실 헤라는
왕초 신 제우
스의 정실부인
이면서도 심적 고
통이 많았다. 제우스
가 온통 바람만 피우
고 다니는데 가정의
여신이기도 한 입장에
서 이건 아니거든. 그러
면서도 표독한 여성의
그 성질로 제우스에게 당
한 여성을 그렇게도 못살
게 굴었다. 이탈리아 나폴
리 국립 고고학 박물관.

웬 공작새? 공작새는 헤라 여신의 성수

왜냐? 사진을 잘 보시라. 눈알같이 생긴 무늬가 수도 없이 달려 있지? 그게 진짜 눈이란다. 제우스의 불륜을 감시하는 목적으로 눈 100개 달린 괴물 아르고스의 눈을 빼다가 붙였거든. 미국 시카고 필드 박물관에서 만났다.

신 제우스가 뿌린 아이를 낳는 일에 협조적이었을 듯.

그럼 포세이돈은 헤라가 안 무섭다 이건가? 그럼, 안 무섭지. 포세이돈쯤 되면 그럴 수 있다. 자기가 제우스의 형이니 명색이 헤라의 시아주버니 아닌가?

레토의 출산이 임박해지자 집요한 헤라는 해산의 수호신인 자기 딸 에일레이튀이아를 레토가 해산할 섬에 가지 못하게 잡아둔다. "레토 해산 도와주러 가겠다구? 갔단 봐라?" 그러니까 요즘 말로 레토의 자궁이 열리지 못하게 한다. 이 바람에 레토는 아흐레를 진통에 시달린다. 생각을 해보시라. 아흐레씩이나! (아, 경험 없으신 분들이 많겠구나. 특히 남자 독자는… 나부터도….)

어느 잣대로 보아도 헤라는 도가 지나쳤다. 결국 이런 비인도적인 폭압 행위를 보다 못한 여신들이 "와" 하고 단체로 들고 일어나 "으 으 " 시위를 했고, 천하의 헤라도 여신들의 떼거리싻반쌖엔 난처해지고 만다. 여론이라는 게 있으니까.

그런 와중에 해산의 수호신이 헤라 여신 몰래 (무시하고) 와주어, 레토는 야자나무를 붙잡고 해산을 할수 있었다. (*덧붙이는 이야기──석가 어머니 마야부인은 룸비니 동산에서 보리수나무를 붙잡고 석가를 해산했다는데…. 여긴 지리적으로 지중해니까 야자나무를 붙잡고 낳는구만.) 헤라, 그러니 더 열 받는다. "레토, 내가 그냥 둘 줄 아니?"

아무튼 그렇게 태어난 아이가 아폴로다. 그리고 뒤이어 태어난 쌍둥이 아이가 아르테미스 여신이다. 달의 여신, 사냥의 여신 말이다.

엄마의 복수를 해줄 테야!

신들은 후딱후딱 자란다. 아폴로는 태어나자마자 쑤~욱쑥 자라난다. 나의 주먹구구 계산인데 아마도 그리스 신들의 하루는 우리 인간의 5년 정도 되지 않을까? 아폴로는 태어난 지 사흘 만에 벌써 "나, 활 하나 주세요"라고 했다. 그래서 이복형 대장장이 신 헤파이스토스는 얼른 특제 수제품으로 활을 하나 만들어준다. 그러자 아폴로는 연습 과정 따위는 건너뛰고 그냥 명궁수다. 신궁(神弓)이다.

아폴로는 엄마 자궁 속에서도 바깥 얘기를 다 듣고 나왔는지, 헤라의 지시로 엄마를 물어 죽이러 왔었던

끝내 피톤을 죽이고 마는 아폴로.

거대한 뱀 피톤을 찾아 죽이겠다고 바다 건너 그리스 본토로 간다. 그리고 파르나소스 산의 델포이로 간다.

신궁 아폴로가 온다니까 큰 뱀은 벌써 저 죽을 날이 온 걸 감 잡았던 모양, 공포에 질려 숨어버린다. 아폴로는 그걸 기어이 찾아내 활로 쏜다. '픽!' 중상! 피톤이 도망간다. 그걸 사당에까지 쫓아가 기어이 확인 사살을 한다.

과잉 복수도 죄가 된다

그런데 일이 꼬인다. 우선 거대한 뱀 피톤 살해 건으로 신법(神法) 재판소에 소송이 걸린 거다. 이건 정당방위도 아니고 지나간 일을 원수 삼아 기어이 쫓아가서까지 죽였으니, 정도가 지나쳤다는 거다.

델포이에 있는 사당 자리와 맞바꾼 작은 섬 포로스(Poros)
원래는 아폴로 소유로 펠로폰네소스 반도 동쪽 끝에 있다. 사진에서
보다시피 요렇게 그림 같은 섬이다. 거기에 그리스 해군 구축함도 있
어 관심 가지고 봤지

이런 소송에 회부된 것도 다 피톤이 그냥 시시한
동물로서의 뱀이 아니라 반은 신격으로 족보 있는 뱀,
대지의 아들이었기 때문. 결국 아폴로는 제우스로부
터 근신 처분을 받고 크레타 섬으로 내려가 반성문을
쓰며 지내게 됐는데, 거기서 해제되자마자 펠로폰네
소스 반도로 건너왔다.

신탁소 차릴 부동산을 마련한 아폴로

그런 아폴로는 비즈니스 마인드가 있었다. 좀 더
내륙으로 들어가 있는 파르나소스 산 중턱의 델포이

가 산세며 전망이 괜찮아서 사당들이 벌써 여럿 성업 중이었다. 아폴로는 명색이 예언의 신 아닌가? 나도 여기에다 신탁 전문 사당을 하나 차릴까? 투자 가치가 크군. 근데 이게 누구의 부동산이지?

올림포스 천상에 올라가 부동산 등기부를 열람해 보니, 으응? 큰아버지 뻘(제우스의 형이거든)인 바다의 신 포세이돈 소유네. '바다 신이 웬 내륙에 부동산을…. 가만 있자…. 내 섬 포로스 섬하고 맞바꿔?

마침 포세이돈도 관리가 불편한 내륙의 산보다 바다 위에 독립된 섬 포로스가 갖고 싶었던 터였다. 아테네 약간 남쪽 바다에 있는 조그만 섬이다. 포세이돈 섬이라고 해서 필자도 가 봤다. '정말 조그마해. 그리고 그림 같았어.'

아폴로는 어떻게 예언하는 능력을 갖췄을까

일이 되느라고 그랬을까? 여기서 반신반인으로 염

"어이, 우리 거래 좀 하세."
아폴로는 음악의 신이기도 한데 판 신 또한 피리 부는 데는 천부적인 재주가 있어 그런 점에서 서로 좀 코드가 맞았으리라.

신탁으로 유명했던 아폴로 신전의 모형(붉은색 화살표). 바로 북쪽에는
원형극장(파란색 화살표).

소 뿔이 달리고 발굽이 갈라졌으며 꽁지까지 달린 판
(Pan) 신을 만난다. 판 신의 출생은 앞에서 얘기했던
대로다. 판에겐 타고난 비상한 예언의 능력이 있었단
다. 아폴로는 그걸 알았지. 원래 남 구워삶는 언변 끝
내주는 아폴로는 온갖 감언이설로 결국 판 신에게서
예언의 능력, 요즘 잘 쓰는 말로 핵심 기술을 빼온다.

　아폴로가 델포이에 새로 차린 신당은 그리스 전역
에서 가장 족집게 신탁소가 된다. 그리스 신화에 나오
는 주요 신탁은 거의 다 여기서 내려졌다. 그리고 포

파르나소스 산 중턱의 신탁(점치기) 센터 델포이
기둥 6개가 있는 자리가 기원전 5세기에 절정을 이루었던 아폴로 신
탁소의 폐허.

세이돈이 인수한 포로스 섬도 사업이 잘 되어 기원전
5세기경에는 전성기를 이뤘다. 둘 다 원원(win-win).

그런데 거 참 묘한 게 그런 신들의 영적 능력은 누
구에게 전수하여 주게 되면 완전히 빠져나가는 모양
이다. 그 후에 보면 판 신이 무슨 예언을 했다는 말이
전혀 없다. 원조집은 사그라지고 그 옆에 차린 '진짜
원조집(?)' 이 더 삐까번쩍하게 외장이며 인테리어를
해놓고 장사를 더 잘하는 경우가 있다. 그 후부터는

'비법 전수' 라는 이름의 술집
왼쪽 위의 작은 글씨 TABEPNA는 tavern(술집). 중앙 위의 그리스 알파벳은 mystagogia이고 영어로는 'Mystagogy' 즉 '비법 전수'. 비법 전수란 말이 의미 심장하다. 태양신이면서 음악의 신 그리고 점쟁이 신이기도 한 아폴로가 비법을 전수해준다? 로도스 섬에서 만난 허술한 술집 무엇보다도 간판에 아폴로가 리라를 뜯고 있는 그림이 있어서 채집했다.

'신탁' 하면 델포이의 아폴로 신당이었으니 말이지.

102쪽 사진은 신탁으로 유명했던 아폴로 신전의 모형(붉은색 화살표). 바로 북쪽에는 원형극장도 보인다(파란색 화살표). 103쪽 사진에서 기둥 6개가 서 있는 자리가 기원전 5세기에 절정을 이루었던 아폴로 신탁소의 폐허. 신전 관계자들의 숙소며 이곳을 찾는 사람들이 이 먼 데까지, 높은 데까지 올라왔으니 숙박 시설도 필요했겠고, 따라서 목욕탕도 있었다.

모르고 길에서 만난 아버지를 죽이고, 또 모르고

어머니와 결혼한 오이디푸스도 청년 시절 여길 왔다
가 그런 끔찍한 신탁을 들었고 악랄하게도 그대로 이
루어지는 바람에 3대가 '완전히' 망해버렸다.

　기원 391년, 테오도시우스 황제의 로마의 기독교
국교화 이후 로마 신들은 그야말로 폭망했다. 지금 가
보면 세월에, 풍우에 씻겨 무너지다 만 기둥 몇 개가
겨우 서 있을 뿐이지만, 이곳이 고대 그리스 신탁(점)
의 센터 중에 센터였던 곳이다. '아폴로는 이야깃거
리가 많아.'

테오도시우스 황제
로마 제국의 50대 황제. 379년부터 395년 죽
을 때까지 서로마와 동로마를 모두 통치한 황
제였다.

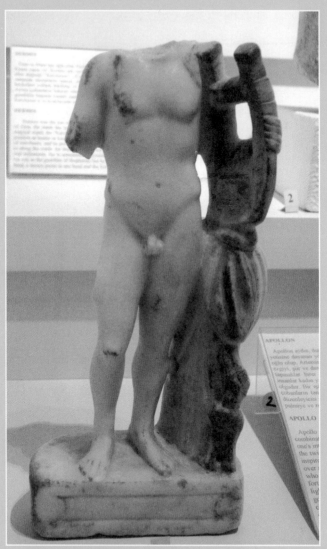

황금 리라를 들고 서 있는 아폴로
머리 부분은 날아갔지만 리라를 들고 있는 것에서 유추가 된 것 튀르
키예 수도 앙카라의 아나톨리아 문명 박물관에서 만났다.

황금 리라를 들고 있는 아폴로
음악의 신 아폴로, 그가 리라를 발명했다. 그 리라 뜯기는 오늘날 기타
정도 들고 다니는 것하고는 차원이 엄청 달랐다. 게다가 아폴로 것은
특히 명품으로 황금으로 만들었다고 한다. 황금이 좋은 거라는 건 참
일찍부터 알았으니까. 로마 시대에는 금을 캐기 위해 노예를 동원해서
금맥이 나오는 산 하나를 통째로 파내어 허물기도 했단다. 이탈리아
나폴리 국립 고고학 박물관에서 만났다.

삼지창 trident는
내 캐릭터인데
요샌 별 걸렁한 놈들
다 들고 다니지

바다와 지진은
이 손 안에
있소이다

삼지창을 겨누고 있는 바다의 신 포세이돈
그리스 아테네의 국립 고고학 박물관에서 정말 경외심을 느낄 정도로
본 것이 이것이었다. 크기로도 압권인 동상(bronze)인데 창 부분은 없
어졌다. 이 책 150쪽에 전시실 분위기를 보여준다.

4

이 곳(串, cape) 어디에
포세이돈 신전이 있다던데

You, 이런 영어, 알아?

'포세이돈 아드벤쳐!' 1977년 5월, 서울의 개봉관 허리우드극장에서 상영된 영화 제목이다. '~의 모험' 이라는 동화책 제목 같은 말 대신에 좀 더 '외제tic' 하게, 폼나게 하느라고 '아드벤쳐' 라고 써놨네.

그러니 지금보다 국민 영어 수준이 훨씬 낮았던 당시, 영어 어휘 짧은 사람들은 자기 실력 드러날까봐 '포세이돈이 뭔지, 아드벤쳐가 뭔지' 누구에게 물어보기도 뭣했을 거라. 그 영화 광고는 'You, 이런 영어 알아? 모르지? 몰라도 아는 척하고 그냥 먼저 와서 보면 남보다 앞서 가는 거야!' 하는 듯 뭔가 압박을 하면서 위세를 떠는 느낌이었다. (개인적인 느낌이지만.)

스릴과 서스펜스, 재미도 있었기에 그 영화는 인기를 몰았다. 이 영화를 먼저 보고 온 내 친구는 이런 말을 했다. "그 뒤집혀진 배에서 탈출하는 사람들이 말

영화 〈포세이돈〉에서의 호화 유람선 포세이돈.

이젠 까마득한 옛날 이야기가 됐지. 우리나라에 데뷔해온 바다의 신 포세이돈에 관한 이런 일이 있었다. 1977년 5월, 영화 '포세이돈 아드 벤처'의 한국 기습이 있었던 것. 영화 광고 매체로는 신문이 주력이던 시절, 신문 광고에 "포세이돈 아드벤처'라는 제목으로 기습해온 건데 대개의 사람들은 도대체 '포세이돈'이라는 게 뭔 소린지 몰랐다. '아 드벤처'는 또 뭐고?

야. 화장실을 통과하는데, 바닥을 딛고 가는 게 아니라 천장을 딛고 가는 거야. 천장을. 와~ 변기들이 저 위쪽 천장에 달려 있지." "맨 나중에 뒤집어진 배의 프로펠러(screw) 있는 쪽에 구조 헬리콥터가 내려앉는데 꼭 메뚜기 한 마리가 앉은 것 같더라고." (뒤집혀진 배가 얼마나 거대한지 말하는 소리였다.)

포세이돈은 또 뭐야

정작 영화 제목 '포세이돈'은 그냥 갑작스런 해일로 재난을 당한 거대하고 호화스런 배의 이름으로나 아는 정도랄까. "포세이돈이 무슨 뜻이지?" 하고 묻는 이도 못 봤고, 포세이돈은 그리스 신화에서 바다의 신이라고 말하는 사람도 (거의) 없었다. 피차 뭘 알이야 의문도 생기고 답도 나올 텐데. 실제 영화 속에서조차 포세이돈이 고대 그리스의 바다의 신이라는 걸 관객에게 알려주지 않는다. 왜? 그 영화를 만든 서양의 일상에서는 그걸 모를 사람이 하나도 없으니까. 그러니 '포세이돈'이 그리스 신화 속 바다 신의 이름이고 영어발음으로는 [포우싸이든]이라는 것을 알 턱이 없지. 물론 아주 극소수는 알았겠지만….

영화 〈포세이돈 아드벤처〉는 〈포세이돈〉으로 재기획되어 2006년 5월 개봉됐다. 우리나라에서는 2006년 5월 31일 개봉되었으니, 보신 분도 있을 것이다.

포세이돈은 그리스 신화의 바다의 신

그리스 신화에서 바다의 신 포세이돈은 '쎈' 신이시다. 신들 중에서도 파워가 '쎈' 정상급 신이시다. 우선 위상으로 보아 최고신 제우스보다는 밑인 것 같지만 실제로는 같은 급이라는 것. 왜? 우선 출생부터가 같은 성골이시다. 제우스와는 친형제 간이다 이거지. 게다가 아버지 크로노스의 뱃속에 무기한 갇혀 있다가 제우스의 구조를 받아 세상에 나오긴 했지만 태어나긴 제우스보다 먼저 태어난 작은형이시다.

어머니 레아와 막내아들 제우스가 합세하여 남편이요 아버지인 크로노스와 싸워 퇴출시켜 잡은 정권이라 그랬을까. 누가 꼭 위라고 할 것 없이 제우스는 우주를 셋으로 나누어 첫째 형 저승왕 하데스(로마 신화의 플루토), 둘째 형 바다의 신 포세이돈과 셋이 사이좋게 나누어 다스리기로 했다. 말하자면 3두 정치, 원칙적으로 서로 동급이다. 서로 협조는 하되 간섭하진 않는다. (그러나 결국 제우스는 점차 권력을 독점해 최고의 신으로 등극했다.)

우주를 다스리는 신다운 무기를 가져야지

제우스는 대장장이 신 헤파이스토스에게 우주 최강의 무기를 만들게 하여 저승 세계를 관장하는 하데

스페인 광장의 포세이돈
마드리드시 분수 중앙에 있는 바다의 왕 포세이돈. 왕관을 쓰고 해마
(海馬)가 끄는 수레를 탔다. 한 손에는 뱀, 한 손에는 그의 심벌인 삼지
창(trident)를 들고 있다. 그런데 잘 보시라. 말의 발굽은 약간 지느러미
화되어 있고 꼬리 부분은 물고기로 되어 있는 것을~.

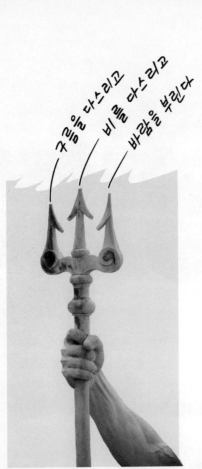

구름을 다스리고
비를 다스리고
바람을 부린다

포세이돈의 삼지창
창날 하나는 구름, 또 하나는 비, 나머지 하나는 바람을 부린다. 그 조
형이 참 재미있다. 그래서 아주 서양 삼지창의 정형이 됐다.

스와 바다를 맡은 포세이돈과 나누어 가졌다. (일설에는 무저갱에 갇혀 있다가 제우스에 의해 석방된 타이탄, 즉 거인족이 감사의 표시로 만들어 바쳤다고도 한다.)

우선 제우스 자신은 무엇이든 박살을 낼 수 있는 벼락을 보유했다. 요즘 개념으로는 다른 나라들은 보유하지 못하게 하고 몇몇 강국만 쥐고 있는 초특급 핵무기 같은 것이다. 이 글의 주인공 포세이돈은 삼지창을 가졌다. 원래 삼지창은 괴물들의 이빨을 연상케 하고 물고기를 쉽게 잡기 위해 창날이 세 개다. 그러나 해신이 물고기 따위를 잡을 일이 있겠는가? 게다가 물고기는 자기의 백성이지 않나? 자세한 이야기는 차차 하기로 하고, 그럼 하데스는 무슨 무기를 갖췄을까? 투구다. 근데 참 기묘한 투구다. 그걸 쓰면 투명 인간(신)이 되니까. 왜 투명 인간이 되는 투구가 필요했을까? 아, 그래야 세상 인간들 눈에 자기가 안 보이니까 저승왕 노릇을 할 수 있지. "저기 저승왕 온다!" 소리라도 나면 다들 도망갈 테니 어떻게 저승 인구를 늘리겠나?

포세이돈의 상징 삼지창(트라이던트)

포세이돈의 삼지창 창날 하나는 구름, 또 하나는 비, 나머지 하나는 바람을 부린다. 그러니까 해신으로서 그 삼지창은 '바다를 다스리신다'는 의미다. 그 삼지창을 영어로는 트라이던트(trident)라고 하는데 알다시피 tri-는 그리스어로 3이란 의미이고 dent는 '이빨'이란 뜻이다. 이야기 나온 김에 좀 더 하자면, 그래서 치과를 dental office라고 하고 치과의사를 dentist 라고 한다. 조금 더 나아가서 (좀 엉뚱하지만) 민들레를 dandelion[댄더라이언]이라고 하는데 그건 민들레 잎사귀가 사자(lion) 이빨(dent) 같이 생겼다고 해서 그렇게 부른다.

포세이돈의 위력

대장장이 신 헤파이스토스가 제작한 삼지창은 포세이돈의 심벌이 됐다. 그걸 휘두르면 성난 파도가 일고 눕히면 잔잔해졌단다. 포세이돈은 자신을 나타낼 때면 으레 삼지창을 한 번 휘둘러 폭풍우를 동반하여 주변을 겁주었다? 그래서 고대 그리스인들은 '포세이돈' 하면 '사납고 두려운 신'으로 여겼다.

하여간 유럽이고 어디고 돌아다니다가 분수 같은 곳에 웬 수염 있는 무섭게 생긴 덩치 큰 사나이가 삼지창을 들고 있는 조각이 있으면 그건 무조건 포세이돈이다. 바다의 신이라 물이 있어야 바다의 파워가 연결되는지 최소한 곁에 분수라도 끼고 있다.

이렇게 바다의 신 포세이돈의 삼지창이 가공할 위

력이 있으니까 트라이던트(삼지창)라는 말은 가공할 위력의 핵잠수함의 가공할 탄도 미사일 이름에 아주 제격일 수밖에.

'포세이돈' 이라는 이름의
미국 핵잠수함 미사일들

영화 〈포세이돈 아드벤쳐〉 상영 즈음 해외 뉴스에 미국의 핵잠수함이 발사한다는 탄도 미사일에 대해서 간간이 보도가 됐다.

시사과학, 현대 무기에 관심을 가진 사람이면 핵잠수함의 기능 중 3차대전 제어 기능을 안다. 만약 적국에서 발사된 대륙간 탄도 미사일(ICBM Intercontinental

미국의 잠수함 발사 탄도 미사일 포세이돈 C-3과 트라이던트 C-4
참으로 거대하기도 하다. 파워도 무섭고···. 그러나 위에는 위가 있는 법, 그걸 이기는 걸 개발하고 그러면 또 그걸 이기는 걸 개발하고···. 모순(矛盾) 현상, 끝이 없다.

Ballistic Missile)이 미국으로 날아올 경우 그건 그거대로 요격하는 한편, 거리적으로 가까운 적국 근해에 잠항하고 있던 미국의 핵잠수함들이 일시에 포세이돈 탄도 미사일을 발사하여 더 먼저 적국의 주요 도시를 거의 동시에 궤멸시킬 수 있다는 것.

그런데 인터넷도 유튜브도 없던 당시 일반인들로서는 그런 분야에 지식들이 약했다. 그러니 잠수함 발사 탄도 미사일이라는 게 또 뭔지를 몰랐다. 나중에 좀 알고 보니 폴라리스에 뒤이어 개발된 미국의 SLBM(Submarine Launched Ballistic Missile)이라는 것으로, 수중 잠수함에서 발사하는 탄도 미사일을 말하는 것이었다. 그럼 또 탄도 미사일은 뭐냐? (꼬리에 꼬리를 문다….)

이름하여 포세이돈(UGM-73). 1971년 이후 SLBM을 탑재한 라파에트 급 폴라리스 잠수함 31척에 장착된 미사일의 명칭이었다.

포세이돈은 10개나 14개의 MIRV(Multiple Independently-targetable Reentry Vehicle, 다탄두 각 개목표 재돌입 탄도탄)를 장착한다는데, MIRV는 각기 독립적으로 목표를 찾아 공격할 수 있으므로, 핵탄두 하나로 10개나 14개의 목표를 공격할 수 있다고 한다. (필자 정도가 이런 세계의 근처엔들 가보았겠나? 무기 과학은 늘 호기심을 갖는 분야라 자료를 정리해서 조심스레 인용하는 정도지.)

SLBM(잠수함 발사 탄도 미사일) 포세이돈은 사정 거리가 좀 불만이었다. 그래서 개발 당시는 소련 근해 에서나 발사해야 타격을 줄 수 있었다. 그래서 아예 대륙을 건너갈 수 있게 급을 높인 클래스를 개발했는 데, 가공할 해신 파워의 상징으로 트라이던트(trident) 가 그 이름으로 딱이었다.

그래서 미국의 3대 전략 중의 하나로 1982년, 사정 거리 7400㎞의 트라이던트 1형을 장비한 오하이오 1 호가 취역됐다. (이후로는 동종 잠수함을 오하이오 급이라고 부른다.) 이로써 이제는 러시아 근해까지 갈 거 없이 미국 본토 연안에서부터 러시아의 중심부

아니? 얘들 보게? 내 이름 따다가 겁 없이 놀고들 있네..

미국의 잠수함 발사 탄도 미사일 포세이돈 C-3 발사
참 무시무시하기도 한 장면이다. 이러니 포세이돈의 이름을 갖다 붙였 지

를 바로 공격할 수 있게 됐다.

1989년에 선을 보인 트라이던트 II형은 사정거리가 훨씬 개선되어 약 1만㎞에 340kt 탄두 17발을 장비한 다탄두 각개목표 재돌입 탄도탄(MIRV)으로 대폭 개선되었단다. 1990년에는 포세이돈의 무시무시한 무기 이름 삼지창(trident)을 딴 UGM-133A 트라이던트 II로 대체되었다. (와, 나도 뭔지 모를 소리를 하려니 좀 멋쩍네….)

이 곶(串, cape) 어디에
포세이돈 신전이 있다던데

이제 아테네에서 딱 한나절이 남았다. 남은 게 아니지, 남은 시간이 이것밖에 없는 거지. 저녁에는 떠나야 한다. 요 금쪽같은 한나절. '요걸 어떻게 써야 후회 없지?' '어딜 가서 뭘 보고 오면 시간 손실 없이

요 금쪽 같은 시간에
포세이돈 海神의
Cape Sounion 엘 가 보자구

그래, 거리도
60 Km 정도밖에
안 돼

에게 해
파르나소스山
델포이
아테네
수니온 곶
올림피아
펠로폰네소스
반도

딱 맞을까?'

수니온의 포세이돈 템플! 아테네에서 멀지 않은 곳
에 수니온 곶(cape)이 있다는 걸 알고는 있었다. 거기
바닷가 언덕에, 이 수니온이 있게 한 비중 큰 포세이
돈의 신전이 있다지.

지극히 당연한 이야기지만 포세이돈은 바다의 신
이니까 해안 도시민들의 숭배를 받았다. 어쩔 수 없이
바닷가 사람들은 잡신을 잘 모신다. 바닷가이기에, 바
다가 삶의 현장이기에, 그래서 세계 어느 나라나 안전
을 비는 곳엔 생리적으로 무속(巫俗)이 성하게 되어
있지. 바다, 아름답다! 그러나 사실, 얼마나 무서운 곳
인가 말야.

이런 현상은 어느 나라 해안에서나 볼 수 있는 일.
우리나라의 경우를 봐도 그렇다. 강원도 고성군에서
부터 남부 부산에 이르는 해안 지역에는 동해안별신
굿이 있다. 통영과 거제도를 중심으로는 남해안별신
굿이 있고. 자생했음에도 그런 무속 내용은 신기하게
도 동서양이 모두 공통점을 갖는다.

아테네 근교 수니온 곶의 포세이돈 신전
도리아식 기둥의 아주 장중한 신전이다. 그 까마득한 옛날
에 그 먼 데서, 그 무거운 석재를 운반해다가 하나하나
쪼아 쌓아올려서 이런 신전을 세웠다 이거지. 이 정
성, 이 비용. 그러나 수니온은 이 신전으로 하여
번영을 이룰 수 있었다. 무역선들 쪽에서는
먼 수평선 쪽에서부터 육지를 바라보았을
때 이 신전이 목표 방향이었으니까 신
전 영업이 잘 될 수밖에.

나의 포세이돈 영역 체험

내가 해군 시절에 숱하게 경험한 거친 바다 얘기 한 토막만 하자.

한호림은 경기함(DE-71)의 승조원이었다
경기함은 1960년대 당시 한국 함대의 대표급 호위구축함 (Destroyer Escort).

벌써 하늘 빛깔이 심상치 않다 싶더니 과연 함내에 황천(荒天)경보가 내린다. (죽어서 가는 黃泉이 아니고 '거친 바다, rough sea'라는 의미다.) 철저하게 닫힌 방수 해치(hatch, 철문), 피칭(pitching, 上下로 요동치기)을 하느라고 함수가 파도에 처박히고, 함수를 덮치고 오른 파도가 갑판 위를 쓸듯이 지나가기도 한다. 군함이 골로(밑으로) 떨어져 내려갈 때에는 청회색빛 높은 파도가 함의 양옆으로 순간 물벽을 이룬다. 그 다음, 파도는 그 쇳덩이 군함을 버언쩍 들어올리듯이 파도 위에 올려놓는다. 그러고는 바로 저 아래도 던져버린다. 그런 파고(波高)를 쉴 새 없이 오르내리니 그 안에 탄 우리 장병들은 마치 롤러코스터를 타는 거 같다. 뱃멀미(seasick)에 약한 친구들은 아무리 해군이라 해도 "웩! 웩!" 토하기도 하고 난리지.

강철로 된 군함인데도 때로 앞뒤로 파고(波高)와 파고 위에 가로 걸칠 때면 '와두두둥!' 하고 '이러다가

황천(荒天 거친 바다)이 지나간 다음날의 포세이돈
포세이돈 : "어제, 내가 좀 과했나? 괴로우셨지? 미안했네"
해군수병 한호림 : "뭐, 그 정도야, anytime 오케이요^^"
(사진에서 보다시피 웃는 얼굴.)

용골(keel : 선박 바닥의 중앙을 받치는 길고 큰 재목)
이라도 부러지는 게 아닌가?' 싶은 소리가 다 난다. 너
른 바다, 어선들은 진작 모두 대피해서 자취도 없지.
우리야 강철로 된 군함을 타고 있으니까 전복이나 침
몰 따위의 염려는 없으니, 그래서 '파도야, 너 할 만큼
했으면 이제 좀 가주라' 하고 버티기다. 그 옛날 쪽배
나 커 봤자 범선 정도로 이런 황천(荒天)을 만나면 어
떻게 됐겠나? 뭐, 엄청 많이들 황천(黃泉) 갔지.

그리스 수니온에서 만난 어부들

"얘걔? 요걸 잡아서 어떻게 먹고 사누?" 하여간 그리스인들, 파랑색 어지간히 좋아한다. 선체도, 갑판의 여러 부분도 죄다 파랗다. 왼쪽의 닻도 파란색으로 칠했다. 파란색은 그리스의 심벌 컬러, 우선 그리스 국기부터 파란색이다. 마침 생선을 넣은 비닐 봉투까지도 파랑군. 요즘이야 일기 예보도 있지만 이들의 목숨과 생업은 전적으로 바다에 달렸다. 포세이돈 바다의 신을 내다버린 지 오랜 그리스인들, 그들은 유럽에서 가장 먼저 기독교 국가가 되어 전적으로 하나님께 매달려 살고 있다. 그래서 그리스 바닷가며 섬이며 어딜 가나 교회당(그리스 정교회)이다.

그저 어느 나라 뱃사람이고 간에
두려운 건 용왕님 승질(성질)

이런 무서운 용왕님의 바다이기에 세계 어느 나라고 어부들마다 "용왕님이시여, 제발 좀 노하기를 더 디하시고 우리 좀 살려주소서" 하고 제물을 차려놓고 정성껏 빌 마음이 절로 나는 거다. 그래야 불안이 좀 덜해지지. 바다로 남편을 보낸 아낙의 마음도 어디 좀 붙잡을 데가 생기는 거다.

그래서 그 별신굿 내용을 보면 귀신과 인간의 화해 굿을 하고 용왕굿을 하며, 아울러 풍어와 마을의 안전을 빌지 않던가. 마을의 안전이란 어부들이 바다에 나가 물귀신 되지 않게 해달라는 거지. 남편이 돌아오지 않으면 아낙들의 팔자는 그때부터 희한하게 굴러갈 수밖에. 얼마나 가여운데….

고대 그리스도 물론 마찬가지. 박토로 된 땅에 뭘 심어 먹을 수가 있나, 바다를 터전으로 뭐래도 갖다 팔아 무역을 하며 먹고 살긴 해야 하는데 바다는 언제나 무서운 곳이었다. 이번에 나갔다가 살아서 돌아오리라는 보장이 없다. 그래서 바다의 신이 필요하고 그래서 신을 만들고는 그 신에게 빌었다. 그 비는 대상이 바로 성질 사나운 포세이돈이다. 그러니 속으로도 욕할 수 없다. 신이 자기 욕하는 것도 몰라? 모르면 신도 아니게? "괜히 속으로라도 그랬다가 노여움 사면 황천 가는거야…."

수니온 곶,
포세이돈 신전이 있는 바닷가 언덕

아테네에서 수니온 가는 길은 멀지도 않았고 가기도 간단했다. 복닥거리는 아테네를 벗어난 차는 그냥 한가한 남쪽 구불구불한 해안선을 따라 달린다. 해수욕장이 지나가고 리조트가 지나간다. 썰렁하다. 나중

아테네에서 수니온으로 가는 해안 길
이 해안은 아테네 주변 시민들의 휴양지이기도 하다. 야산도 어딜 가나 이렇게 돌밭으로 삭막하고, 저런 돌무더기에서 뭘 심어먹고 어떻게 살았겠나?

에 보니 60㎞ 가까이 갔나보다.

저 멀리 바닷가 언덕 위에 무너지다 남은 두 줄 기둥들로 된 신전이 실루엣으로 약간 보인다. '저게 포세이돈 신전일거야.' 물어보나마나 한 것을 운전사에게 물어본다. 맞단다. 곶에다가 저런 언덕 위에 세워 놨으니까 에게해를 건너 각처로 향하던 배들이 이 포세이돈 신전을 이정표 삼아 바라보면서 갔겠구나. 동시에 빌기도 했겠지. "포세이돈 神님, 이번 항해 무사하게 해주소서. 무사히 돌아오면 제물 더 올릴게요."

빤한 외길인데도 해안선을 따라가는 길이 구불구불해서 포세이돈 신전은 스을쩍 숨었다 나타났다 하

저 멀리 곶 끄트머리에 보이는 포세이돈 신전

기를 몇 번 한다. 그러더니 어느 시점부터 더 이상 숨지 않는다. 터억 나타낸 자태. 바다를 배경으로 한 참 멋진 위치군. 과연 차가 그리로 가더니 멎는다. "오늘, 이 유명한 포세이돈 신전을 다 보네. 그래 좋았어! 그 옛날 저 포세이돈 신전으로 해서 이 지역이 그렇게 번성했었단 말이지? 여길 영국의 낭만파 시인 바이런이 왔다 갔다며? 그가 여기다 낙서를 해놓은 게 유명하다며?"

천천히 걸어서 가까이 가본다. 단아한 도리아 양식의 주두까지 열 토막 기둥으로 된 기둥 15개가 자기들끼리 의지하고 그렇게들 서 있다. 도리아 양식이라도 초기의 것인가보다. 이집트 기둥 양식을 꽤 닮았다. 기둥들을 상상으로 복원하여 그 위에 지붕을 얹어 당시의 모습을 그려보니, 이

수니온의 포세이돈 신전
이 엄청나게 많았을 나머지 돌들은 다 어디로 가고 이렇게 깨끗하지?
응, 조금만 기다려줘요. 이 책 시리즈로 뒤에 나올 텐데, "계속 재활용,
재활용된 신전 석조물" 편에 씌어 있지. ^^

것 또한 참 굉장한 규모의 신전이었겠다. 아니, 그 까마
득한 옛날인 2500년 전 그 엄청난 건축비를 들여 이런
신전을 세우고 포세이돈 신에게 제물을 올려 숭배를
드리고 소원을 빌었더란 말인가? 그래서 그 옛날 이 지
역이 그렇게 성시를 이뤘단 말이지?

←
이건 누가 해놓은 고급 낙서(graffiti)일까?
영국의 낭만파 시인 바이런이란 사람을 비롯해 몇몇 몰상식(!)한 사람
들이 석수장이까지 대동하여 와서 돌기둥에 낙서를 새겨놔 문화재를
영구히 훼손해놨다. 바이런(1788~1824년)이 아테네에 온 것은 1810~
1811년경이었군. 아, 1823년에도 그리스에 다시 왔었다는군. 강국
튀르키예에 대항한 그리스 독립군으로 참전, 그리고 이듬해 말라리아
에 걸려 죽었다. 36세에.

아테네라는 부동산을 놓고
포세이돈과 아테나가 대결했다

바다의 신 포세이돈은 탐욕도 많았다. 바닷가에 가까운 도시 아테네가 탐났던 거다. (당시까지는 아직 아테네란 이름이 아니었다.) 자기의 영향권인 해상 무역으로 번성한 이 도시, "이걸 내 걸로 해야 할 텐데." 그러나 강력한 라이벌인 전쟁신 아테나가 버티고 있었다.

그때도 그런 대로 민주주의 방식을 채택했었나보다. 도편(陶片) 투표(투표지 대신 깨진 도자기 조각에 이름을 써넣었다)를 한 모양이다. 어느 신을 모실지 시민들이 선택하게 한 거지.

그때 출마 공약으로 포세이돈은 소금물, 즉 바다를 걸었다. "아테네 시민들아, 그대들은 바다가 있어서 무역을 하여 이만큼이라도 먹고 잘 살게 된 것 아니겠는가? 그 바다는 내가 지켜주는 것이니 고로 내가 이 아테네의 수호신이 되어야 하지 않겠나? 날 찍거랏!"

상대 후보 아테나 여신. 전쟁의 신, 지혜의 여신이지만 가정의 신도 되기에 그랬을까? 먹을 것을 가지고 공약을 건다. "나는 너희에게 귀한 올리브를 주겠다. 올리브, 얼마나 유용한지 알지? 몸에 좋지, 술안주에도 좋지, 그 기름으로 사당에 불도 켜지, 음식도 해먹고. 그걸 수출해서 양식도 사다 먹을 수 있고 말야.

수호신 선거 공약

ATHENA

올리브를 줄게

육지당

POSEIDON

소금물을 주겠다

바다당

포세이돈과 아테네의 경합 포스터
"짠 바다의 신이라 짜게 노네." 이 포스터의 바탕을 청색으로 한 것
은? 청색은 그리스의 심벌 컬러. 우선 국기에서부터.

나에게 표를 던지시오."

투표 결과, 시민들은 아테나를 택했다. 전쟁의 신
이기도 하니 아테네를 잘 지켜줄 거 아닌가?

이제부터 아테나의 나라
'아테네!' 다

그때부터 나라의 이름은 아테나 여신의 이름을 따

서 아테네가 되고 아테나는 아테네의 수호신이 됐다. 아테네는 땅이 순 돌밭이라 농사짓기엔 영 '젬병'인 척박한 땅인데도 올리브 나무는 잘 자란다. 그녀가 준 올리브는 주요 수출 품목으로, 아테네 사람들은 그걸 수출하여 부(富)를 축적했고 그 돈으로 곡식을 수입해다 먹었다.

그 수출입 길은 바닷길인데 투표에서 졌다고 포세이돈이 보복을 하거나 방해했다는 말은 못 들었다. 그럴 때는 깨끗이 물러날 줄도 아는 모양이다. 지금도 아크로폴리스의 파르테논 바로 북쪽에는 에레크테이온 신전이 있는데 그 서쪽 면에는 아테네의 성수(聖樹, sacred tree)로 꽤 큰 올리브 나무 한 그루가 있다. 그런데 관광객들의 관심은? 전혀 못 끈다! 쳐다보지도 않고 지나가는 정도. 그게 왜 거기서 나오는지도 모르고….

포세이돈은 아테네에서는 경합에 실패했지만 부동산 욕심은 여전했다. 이 책, 아폴로 편에도 나오지만 아테네보다 훨씬 남쪽의 조그만 섬 포로스를 자기 것으로 하기 위해 태양신 아폴로와 거래하여 내륙에

귀여운 올리브, 맛있는 올리브
내 경우는 캐나다에 살게 되면서 안면을 트게 됐지만 처음엔 맛도 보기 전부터 괜히 아니었다. 그러다가 이스라엘 여행 중 지중해 해변에서 맥주와 함께 처음 먹어봤는데, 어? 그게 아녜! 그후 야금야금 가까워졌는데 지금은 매일 몇 개씩 먹는다. 밥에 반찬 삼아도 좋다.

있던 자기 부동산 델포이하고 맞바꾼 적도 있다. 델포

아테네의 상징 올리브 나무
뒤의 신전은 에레크테이온. 거의 모든 관광객들이 눈길도 안 주고 그
냥 지나가긴 하지만 이 올리브나무가 아테네의 건국 심벌의 하나다.
에레크테이온은 그리스에서는 드문 복합 신전으로 아테네 전설의 왕
에레크테우스와 여신 아테나, 바다의 신 포세이돈 등 3명의 신을 모시
는 신전. '아테나와 경합에 진 포세이돈도 기어이 끼어 있다.

이는 파르나소스 산 중턱에 있으니 바다의 신으로서
는 부동산 관리에도 불편했을 듯. 포로스야 섬이니 드
나들며 제사 받아먹기가 얼마나 좋은가 말야.

대신 아폴로 신의 경우는 거기 델포이에다 신탁
(신점) 전문업소를 차려 아주 짭짤한 재미를 본다. 오
이디푸스를 비롯해서 프시케 공주의 부모, 트로이 전
쟁 관계자 등 많은 인간들이 거기 가서 신점을 쳤지.

그렇게 산에 있던 부동산을 정리하고 섬으로 갔다
는 것은 포세이돈이 초기에는 육지 신으로도 영향력
이 있었으나 점차 밀려 바다의 신으로 정착되었음을

의미하는 것이라고 한다. 그래서 포세이돈은 상어나 고래를 타고 다니는 게 아니라 주로 육지 동물 말을 타고 다닌다. (단, 말의 뒷발굽이 지느러미 비슷하게 생겼다.)

세계 곳곳에 남아 있는 대홍수의 기억들

바다의 신 포세이돈, 그는 큰 스케일로 지구 표면의 대부분을 점하는 바다, 물을 경영했다. 제우스의 '인류 멸절 계획'인 대홍수 작전에서도 포세이돈은 크게 한몫 거든다. 제우스가 동원할 수 있는 하늘의 물만으로 세상을 쓸어버리기에는 수량이 좀 부족했었나보다. "어이, 포세이돈 형, 물 좀 대주쇼!" "Why not? 나는 가진 게 물이잖아!"

물이라면 포세이돈의 관할. 포세이돈은 즉각 하급 신인 모든 강의 신들을 총집합시킨다. "당장 재고로 있는 물은 몽땅 뿜어내라구!" 즉시 강들이 입을 열어 물을 뿜어내게 했다.

그리고 자기는 삼지창으로 두들겨서 땅을 진동시켰다. (당시 그리스 사람들은 지진도 바다에서 포세이돈이 일으키는 것으로 생각했단다.) 그 시대 그 영악한 인간들은 벌써 강둑을 쌓아 물을 관리할 정도였는데, 포세이돈이 흔들어대자 강둑은 맥없이 몽땅 무너지고 세상은 물바다가 됐다. 인간들은 조금씩 높은

"네에, 네에, 저도 적극 협조합니다요."
누구의 명이라고? 강의 신들이 물을 뿜어내고 있다. 로마 트레비 분수.

곳으로 대피했으나 한계가 있지, 모두 물에 빠져 죽었다. 그리고 물고기들이 물로 덮인 숲 사이로 헤엄쳐 다녔다. 이 모든 상황은 구약성서 창세기 7장 19~23절의 '노아의 홍수'와 너무 닮았다. 한 부부, 즉 인간을 만들고 제우스에게 대들다가 혼쭐이 난 프로메테우스의 아들 가족 데우칼리온 부부만 살아남는다. 그들이 밟은 땅이 파르나소스 산 정상이었단다. (이래저래 그 산은 유명하게 되어 있지.) 대홍수 전설은 세계 여러 나라에서 볼 수 있다. 남미에서까지. 대략 4400년 전의 아득한 옛날에 있었던 대홍수의 기억들인 거다.

제우스의 대홍수. 이건 당시 신들의 판단으로 보았을 때 청동기에서 철기시대로 진입하더니 인간들이 너무 약아 터져 쇠로 농기구나 만들지 못된 무기 만들어서 대량으로 피 흘리고, 하는 짓마다 악하고 못 되

그리스 로마 신화 139

파르나소스
산 꼭대기
2,457m

대홍수와 데우칼리온 부부
"우리가 제우스 대신의 말씀 듣길 잘했지" "앞으로 우린 어떡하지?'
그건 너네가 해결할 일이야"

어 처먹어서 정식으로 재앙을 주었던 것이다. '제우스, 저는 어떻구?

이래서 그리스 신화는
아이들이 읽을 책이 아니라니까

포세이돈은 바다의 신 오케아노스(여기서 ocean 이란 말이 나왔다)의 아름다운 딸 암피트리테에게 눈독을 들이고 프러포즈를 했다. 거기까진 모양새가 좋았는데….

그녀는 포세이돈의 그 무서운 얼굴하며 그의 타고난 바람기가 싫었던 모양이다. 도망을 쳐 아주 포세이돈의 시야에서 사라져 오리무중이 되어버렸던 것. 그러자 상사병이 난 포세이돈은 자기의 전령 돌고래를 시켜 수색을 하게 한다.

포세이돈
아테네 국립고고학물관의 청동상(부분).

여기서 고대 그리스 사람들이 돌고래를 전령으로 생각한 것이 참 대단해 뵌다. 현대 과학에서 연구된 것으로 돌고래는 청음 탐지 능력이 대단한 동물이란다. 그걸 알았던 거지. 결국 돌고래 전령들은 그녀를 찾아냈고 아예 잡아다(모셔다) 포세이돈에게 바쳤다. "좋아어!" 포세이돈은 정식으로 그녀와 결혼식을 올렸다. 그리고 공을 세운 돌고래 전령들에게는 하늘에 돌고래자리(Delphinus)를 만들어줬다.

그러나 포세이돈의 여성 편력은 알아줘야 했다. 결혼 후에도 끊임없이 이어지는데…. 우선 포세이돈은

자, 단체 수색으로 우리 왕초님의 연인을 찾아드리자
신화의 섬 로도스, 그 해안에 포세이돈의 전령들인 돌고래 동상이 있다. 이런 데에 이런 동상이 있는 것은 다 이유가 있는 거지.

러시아 상트페테르부르크 여름궁전의 포세이돈
궁전 바닥 모자이크로 묘사된 포세이돈. 해마의 호위까지 받으면서 벌이는 그의 여성 편력 장면을 보여준다. 지금 등에 태우고 납치(?)하는 중이면서도 여성의 허영심을 이용해 마음을 사느라고 보석을 보여주고 있는 모양이다. 바다에서 생산된 걸 테니까 진주겠지. 물론 진짜 명품. 포세이돈이 하도 여성 편력이 심해서 나로선 이 여성이 누군지 감도 안 잡힌다. 위쪽에는 마인(馬人) 케이론이 이아손(Jason: 아르고 호(號) 원정대의 영웅)에게 무술 지도를 하고 있는 장면도 보인다. 둘레는 전통 그리스 문양(grecque, 뇌문)으로 되어 있다. 그런데 이런 무늬는 잘 보면 입체적이기도 하다는 것.

대지의 여신 가이아를 건드리셨다.
참 망측스런 짓인데 가이아는 그의 할머
니 뻘 아닌가? 그 결과로 무서운
거인(안타이오스)을 낳는다.
또 절세의 요정(스킬라)을 덮쳤
지…. 그런 식으로 신들의 세계는 말할 것도
없고 많은 구혼자들이 경쟁하고 있는 자리
에 가서 트라키아의 공주(테오파네)도 납치
해다가 덮쳐버렸다.

　　공주의 부모는 물론이고 구혼자들도 황당
했지. '과연 누가 부마가 되느냐' 하고 물밑
작업에 치열한 경쟁을 하는 중인데 당사자인
공주가 '휙!' 사라져버렸으니…. 그리고 또
메두사, 리비에, 나이스를 덮쳤지…. 이런 식
으로 인간계까지 와서도 그저 '여자 찾아 좌
충우돌'이다.

　　하여간 명단만 써도 몇 페이지는 될 텐데, 그건 관
둬야겠다. 약간 중요한 케이스 두어 건 썼으니 이젠
말아야지.

　　바닷가에 밀려드는 파도가 찰나의 멈춤이 없듯이
바다의 신 포세이돈의 성욕도 찰나에도 멈춰지질 않
았다. 그는 유괴당한 딸을 찾아 울며 헤매던 데메테르
농경 여신을 (도와주지는 못할 망정) 말로 변신한 채
겁탈하여 반신반마(半神半馬) 아리온을 낳는 참 파렴

치한 짓도 했다. 사실 따지자면 데메테르는 자기의 누나이지 않은가. 하긴 그 데메테르를 막내인 제우스도 덮쳤는걸? 콩가루 신화….

동서를 막론하고 옛 왕실에서는 혈통 보호 차원에서 근친혼이 성행했던 것처럼 신들도 그런 이유에선지 근친혼이나 근친간도 예사로 했다. 그 정도가 아니다. 포세이돈은 동성애도 좋아했을 뿐 아니라 미소년에 뭐에 안 건드린 게 없다. 물론 오늘날의 잣대로 보아 동성애지 고대 그리스 시대에는 그런 건 흔한 일이긴 했지만.

포세이돈은 육상 동물 말을 좋아해

포세이돈은 때와 장소 불문. 심지어 신전에서조차도 그 짓을 했다. 하긴 고대 신전은 그런 장소, 성적 쾌락의 장소, 여사제와의 통정의 장소이기도 했지만. 그러나 그것도 장소 나름. 영원한 처녀 신 아테나의 신전은 경우가 다르지 않은가? 그런데 포세이돈은 거기서 아테나 여신에게 예배드리러 온, 지금의 지중해 남쪽 리비아의, 아름다운 머리칼로 유명한 메두사 공주를 덮쳤던 거다. 게다가 말로 변신해서 말이다. 포세이돈은 말을 좋아했고, 말로 변신해서 나쁜 짓 하길 즐겼다. 그래서 조금 전 앞에서 말한 농경의 여신 데메테르를 덮칠 때도 말로 변신하여 반신반마 아리온을 낳았다.

사실 본능적 성정(性情)이야 모두 일반적일 텐데 그걸 평생 꾹꾹 참고 처녀성을 지키고 있는 아테나로서는 자기의 신전 안에서 이런 망측한 짓이 일어난 것 자체가 얼마나 불결하고 불쾌했는지 참을 수가 없었다. 그래서 메두사의 아름다운 머리칼을 징그럽게 우글거리는 뱀들로 만들어버리고, 누구든 그녀를 쳐다만 봐도 돌이 되는 괴물로 만들어버렸다.

반신반마(半神半馬) 아리온
말은 말이되 발굽에 지느러미가 있고 물고기 꼬리가 달렸다.

잘 보면 메두사의 머리털이 정말 엉켜 있는 뱀들인 것이 보인다. 왼쪽 손은 메두사의 머리를 쳐들고 있는 페르세우스의 손이다. 아테나에게 찍힌 메두사는 결국 킬러로 보낸 페르세우스의 칼에 목까지 날아간다. 이 조각의 전체는 나중에 페르세우스 편에 나온다. 뉴욕 메트로폴리탄 박물관에서 촬영.

아주 일방적인 아테나 여신의 잔혹한 복수

아니, 그런데 아테나 여신은 왜 성폭행을 당한 여

성, 즉 피해자를 처벌했지? 여자가 무슨 죄야? 이건 전적으로 포세이돈이 한 짓인데? 아, 그건 포세이돈의 파워가 너무 '쎄'서 그렇다. 우선 신분이 왕초 신 제우스의 작은형이다. 제우스의 딸인 아테나로서는 포세이돈이 큰아버지이므로 포세이돈에게 못하는 분풀이를 피해자인 메두사에게 했던 것.

그나저나 이 책에서는 '덮친다'는 고상하지 않은 말이 너무 자주 나오고 있다. 다른 책들에서는 '사랑을 나누었다'라는 말로 나오는데…. 말은 솔직히 하자. '사랑은 무슨 놈의 사랑? 강간한 거지.'

얼굴은 곱상해도 표독한 아테나
미녀라? 메두사 네 이년? 죽여 없애야지…. 전쟁신으로서 투구를 쓰고 있다.

그리고 포세이돈이나 제우스의 이런 난잡하게 보이는 행동들도 변호의 여지가 있다. 에게해를 중심으로 한 많은 지역의 고만고만한 나라들이 자기네 신, 자기네 조상들이 파워 있는 씨, 제우스나 포세이돈의 후예라고 하고 싶어서 여기저기 자기네 나라 공주를 덮치신 걸로 접목시킨 결과이기도 하다. 다만 포세이돈 하면 거친 바다, 폭풍 따위가 연상되듯이 그래서 포세이돈의 씨들 중에는 괴물이니 거인이니 하는 무서운 것들도 여럿 등장한다. '콩 심은 데 콩 난다니까.'

포세이돈 이야기 여기까지.

로마의 그 유명한 트레비 분수에서의 해신 넵튠
18세기 초에서 중엽에 걸쳐 건축된 세계적으로 아름다
운 분수. 내가 무슨 '썰'을 더 붙일 건가? 정말이지 고
대 도시의 이런 작품엔 감탄밖에는⋯.

삼지창 넵튠/포세이돈이시다 포세이돈 상은 역시 물이 있어야 한다.
사진은 러시아 상트페테르부르크의 여름궁전 정원의 연못 발아래에는
소라고둥을 부는 아들 트리톤을 비롯하여 해마를 타고 있는 여러 하급
하신들이 호위하고 있다.

이탈리아 피렌체 시뇨리아 광장 분수에서 보는 해신 넵튠
둘레에는 청동으로 제작된 큰 고둥(스피커 용도)을 들고 있는 바다의
님프들과 기타 졸개들이 각종 포즈를 취하고 있다.

바르셀로나의 포세이돈 흔적

스페인의 바르셀로나는 지중해 북쪽 바닷가 도시. 중세와 현대미술까
지 여러 가지로 잘 혼합된 기가 막힌 도시다. 화가, 호안 미로의 고향
이기도 하다. 바로 항구 1번지, 유서 깊은 빌딩 벽에 디자인으로 남은
포세이돈이시다. 그가 포세이돈이건 로마식 이름 넵튠이건 하는 것은
별로 의미를 안 따지겠다. 포세이돈은 용왕이란 의미로 왕관을 쓰고
자기의 상표인 삼지창(트라이던트)를 뽐내고 있다. 흉상 아래에 묘사된
것은 (잘 보시라) 돈자루. 거기서 금화가 쏟아져 나오고 있다. 용궁엔
보물이 많다고 생각한 옛사람들의 생각엔 동서 모두 공통점이 있다.

삼지창을 겨누고 있는 포세이돈

그리스 아테네 고고학박물관에서 만났다. 정말 멋지다. 창을 들고 겨냥을 하고 있는 폼인데 창 부분은 없다. 없다고 안 보일까마는 기원전 460년 경에 만들어진 것으로 유보아(Euboea : 아테네의 동쪽 에게해에 있다) 섬 근해에서 1928년 그물에 걸려 나왔단다. 당시 조각가 칼라미스(Calamis)의 청동상 작품으로 추정된다고, 얼마나 유명한 조각가였으면 기원전 작가가 지금까지 이름을 전하고 있을까.

Neptune 아들 Triton

해왕성과 넵튠(포세이돈) "이게 내 별이야. 바다를 닮아 퍼렇지." 태양계의 안쪽으로부터 8번째 행성 해왕성(넵튠). 제 위성 이름이 트리톤인 까닭은 위에 나왔다. 포세이돈의 아들 이름이니까.

진실의 입, 해신 트리톤의 얼굴이란다

이건 그리스 본토에서 다리 건너 펠로폰네소스 반도에 들어서자마자 길가에 있는 복제품 싸구려 조형물이다. 그런데 이게 더 인간적이고 실질적으로 느껴졌다. 오리지널은 이탈리아 로마 테베레강 팔라티노 다리의 동쪽, 보카 델라 베리타 광장의 산타 마리아 인 코스메딘 성당 입구 왼쪽에 있다. (아따 위치 하나 설명하는데 복잡도 하다) 거짓말을 하는 사람이 입에 손을 넣으면 잘라버린다. 난 절대 안 넣어…ᄴ

이탈리아 스포츠/레이싱 카 마세라티의 로고는 넵튠의 삼지창

마세라티(Maserati)스럽다. 포세이돈의 무기 삼지창(Trident)을 심벌로
하는 자동차 마세라티. 마세라티는 1914년 설립된, 이탈리아 스텔란티
스의 레이싱용 자동차와 고급 스포츠카 제조업체. 지금은 피아트 소
속. 보기 드문 차다.

승리의 여신
나이키를 들고
전투에 나가니
백전백승!

아버지 제우스가 준
무엇이든지 막는 방패
이지스 (Aegis)

쳐다만 봤다 하면
돌로 변해 죽게 하는
메두사의 대가리

5

아테나, 전쟁 여신, 지혜의 여신

아테네 대학교 앞의 아테나 여신상
보다시피 이렇게 긴 창에 방패에 완전무장을 한 여신을 대학교 앞에다 높이 모셔놨다. 뒤에 보이는 신전 스타일의 대학 건물 정면의 삼각형으로 된 박공(pediment) 속 중앙에 있는 신은 제우스, 그 오른쪽 빨간 줄 표시한 것이 아테나 전쟁의 여신. 마치 막새같이 지붕 끝 양쪽에 세워놓은 것은 그리스 신화의 날개 달린 스핑크스들.

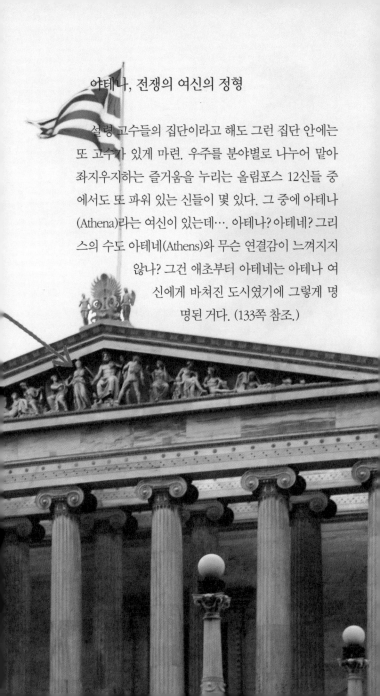

아테나, 전쟁의 여신의 정형

설령 고수들의 집단이라고 해도 그런 집단 안에는 또 고수가 있게 마련. 우주를 분야별로 나누어 맡아 좌지우지하는 즐거움을 누리는 올림포스 12신들 중에서도 또 파워 있는 신들이 몇 있다. 그 중에 아테나 (Athena)라는 여신이 있는데…. 아테나? 아테네? 그리스의 수도 아테네(Athens)와 무슨 연결감이 느껴지지 않나? 그건 애초부터 아테네는 아테나 여신에게 바쳐진 도시였기에 그렇게 명명된 거다. (133쪽 참조.)

기원전 437년에 아테네의 요새 아크로폴리스(언덕 위의 도시란 뜻) 위에 완공된 그 유명한 파르테논 신전이 그녀에게 바쳐진 신전이다. 파르테논은 '처녀 여신의 신전'이란 뜻. 왜 처녀냐? 아테나 여신은 껄렁한 남신 따위하고는 결혼하는 게 싫어서라도 처녀로 살기로 한 신이라 그렇다.

아테네 시를 돌아다니다 보면 국회의사당 동쪽 거리의 아테네대학교 앞 등 여러 곳에서 아테나 여신상을 만나게 되는데 그의 정형화된 이미지는 이렇다.

우선 기본적으로 늘씬하고 균형잡힌 몸매, 그건 여신들의 기

오스트리아 수도 빈 쇤브룬 궁 정원의 아테나 여신상
마침 그녀의 무적의 이지스 방패가 옆모습으로 보여 방패에 붙어진 그, 바라보기만 해도 돌로 변하게 만드는 무서운 괴물 메두사의 얼굴이 입체적으로 보인다. 그 얼굴 주위의 구불구불한 것들은 뱀, 뱀들.

본이지만, 아테나는 거기에다 최고의 얼짱까지. 자신이 미(美)의 여신 아프로디테(로마 신화의 비너스)보다 더 아름답다고 우주 미녀신 콘테스트에서 정식으로 겨뤘던 여신인걸. (그런데 아프로디테가 심판관 파리스 왕자에게 '최고의 미녀를 아내로 주겠다는 뇌물'을 쓰는 바람에 아테나와 제우스의 마누라 헤라가 졌다. 그것이 결국 트로이 전쟁의 원인이 됐지.)

그런 여성이 화려한 투구를 쓰고 긴 창에 원형 방패로 언제나 완전 무장을 하고 있다. 그게 그녀의 캐릭터인데 아무리 신들의 세계라고 해도 벌써 여신이 이 정도로 세게 나온다는 것은 필유곡절, 무슨 특별한 배경이 있겠지?

맞다. 우선 출신부터가 아테나 여신은 올림포스의 최고신 제우스의 딸이다. 제우스의 딸이라면 제우스의 아내 헤라가 낳았겠지? 벌써 이런 질문을 만들어 한 것부터가 아니라는 걸 암시하는 거지. 제우스는 체질적 바람둥이, 여신이고 인간 처녀고 유부녀고 가리지 않았으니까. 그냥 눈에만 걸려들었다 하면 수단과 방법을 가리지 않고 속된 말로 덮쳤으니까. 아, 자기 누나도 덮쳤는걸?

즉 아테나는 제우스와 헤라 사이에서 태어난 딸이 아니다. 그럼 다른 여신이 낳았나? 그렇지 않으면 님프라든가, 최소한 아리따운 인간 처녀라든가? 그런데 그것도 '아니!' 다.

제우스가 사방으로 바람을 피우고 아이를 낳고 돌아다녔지만 아테나의 경우는 전혀 예외다. 제우스가 낳았다. 고대 그리스 종교는 다신교라 남녀가 있었다. 당연히 제우스는 남성 신. 그런데 남성이 아이를 낳아? 신화는 그렇다고 전한다. 그럼 제우스는 양성 신? 숨겨진 자궁이라도 있었단 말인가? 그럴 경우, 그 제우스의 자궁에 아테나를 심어준 애비는 누군가? 누가 감히 제우스를 덮치기라도 했단 말이냐? 그것을 알아보자.

식인종 제우스?

　그리스 신화에 의하면 제우스는 거인족 타이탄(Titan) 족 출신 메티스(Metis)를 덮쳐서 억지를 써서 사실혼을 해놓고는 후에 그녀를 잡아먹어버렸다는 것. 거참 끔찍하다. 아내를 잡아먹다니? 그런 식인종 아니, 식신(食神) 신도 있나? 사건의 진상은 이렇다. 장차 메티스는 딸에 이어 아들을 낳게 되어 있었는데 그 아들이 제우스를 최고신의 권좌에서 몰아낼 것이라는 신탁이 있었던 것. '내 권좌를 빼앗을 놈이 나온다구? 오, 노!' 그래서 아내 메티스를 잡아먹어버린 건데 이런 것도 기대했을 거라고 본다. 메티스는 '지혜'라는 의미. 지혜 자체를 잡아먹어버리면 제우스의 하드 속에 지혜라는 프로그램이 깔리는 거 아닌가?

그런데 메티스를 잡아먹은 이후 제우스는 극심한 두통에 시달린다. 소가 소뼈를 먹은 경우처럼 같은 개체를 먹으면 걸린다는 광우병 같은 걸까? 미칠 지경이 되었다. 아내 잡아먹은 인과에 응보가 따라붙었다. 그런데 제우스는 몰랐지만 그의 머릿속에서 아, 글쎄, 잡아먹은 마누라, 메티스의 복중에 있었던 딸이 점점 자라나고 있었다는 것. 머리 속에 작은 종양만 생겨도 난리인데, 하물며 아기가 자라나고 있었으니 어땠겠는가?

만삭에 이르자 제우스는 두통으로 죽을 지경에 이른다. 신이라 죽지도 못하니 정말 죽을 맛이다. 견디다 못한 제우스는 손재간 좋은 아들, 대장장이신 헤파이스토스를 시켜 자기 머리를 쪼개보라고 했다. 그 당시에 벌써 뇌수술 개념을 생각했다는 얘기다.

뇌수술 고민 중 제우스
'아무래도 내 머리 속에 뭔 종양이 있지….' '뇌수술을 받느냐? 마느냐? 이것이 문제로다.' 캐나다 토론토 왕립 박물관(Royal Ontario Museum) 소장품.

뇌수술을 집도(끼)하는 헤파이스토스
이건 집도라기보다 도끼로 까기다. 제우스는 헤파이스토스에게 켕기
는 게 있지, 자기가 천상에서 하계로 집어던져 다리 부러뜨려준 걸로
해서부터… 아들이라고는 하지만 자기하고는 피 한 방울 안 섞였지
그러니 켕길 수가 있겠다.

하긴 머리가 빠개지는 것같이 아파 죽을 지경인 바
에야 이판사판, 뭐가 그런 건가 하고 쪼개서 열어보는
것도 방법이었을 것이다. 신이라 죽을 염려도 없는데
뭘. 헤파이스토스는 도끼로 제우스의 머리를 쪼갰다.
'빡!' 그랬더니 "얏!" 소리와 함께 마치 기다렸다는
듯이 완전 무장을 한 아테나가 우렁찬 소리를 내며 튀
어나왔다는 것. 뾰족한 창까지 들고 나왔으니 특히 그
게 제우스의 머리 속을 계속 찌르고 있었기에 두통이
더 심했던 것 아니었을까?

이것이 아테나의 출생 신화다. 즉 제우스가 자기
씨를 자기 머릿속에서 길러 낳았다. 이런 우여곡절로
탄생한 아테나 여신. 태어날 때부터 무장을 하고 나왔
으니 군신으로도 모셔졌다. 거기에 더하여 그녀는 문
무를 갖춘 여신, 특히 지혜의 여신으로도 모셔졌다.

아테나 여신상
고대 그리스 아테네의 파르테논 신전에 세워졌던, 실물 크기의 아테나 여신상. 이것은 그리스에 있는 것이 아니라 엉뚱할 것 같지만 미국 중서부 테네시주 내슈빌의 센테니얼 공원 안의 아테나 파르테논(처녀) 신전에 있다. 크기 비교를 쉽게 하도록 남자가 포즈를 취하고 서 있다. '어마어마한 크기가…' 왼손으로 잡고 있는 방패가 바로 그, 무엇이든지 막는다는 이지스 방패, 그 안쪽에는 아테나의 또 다른 성수(聖獸), 뱀이 보인다. 오른손바닥에 들고 있는 것은 승리의 여신 나이키(Nike). 이 새로 지은 신전 건물은 현재 미술관으로 사용되고 있다. 신전 건축 1897년. 현대 재료로 처녀 아테나상 복원 제작은 1990년.

여성의 자궁도 아니고 최고신 제우스의 머리 속에서 나왔으니 머리→두뇌→지혜, 즉 지혜가 좋을 걸로 생각했던 모양이다. 아테나의 원래 어머니가 '메티스(지혜)'니까. 또 공예, 실잣기, 천짜기 등에 뛰어나 인간 여성들에게 가르쳐 주었다. 아 참, 자수도 잘했다는군. 그 자수로 인해서 이런 사건도 있었다.

도도한 처녀신 아테나

아라크네라는 인간 처녀가 있었다. 아라크네는 그리스어로 거미라는 뜻인데 그걸 가지고 상상력 좋은 그리스인들은 또 이런 이야기를 엮어냈다. 즉, 이 처녀가 워낙 수를 잘 놓아 주위에서 칭찬을 많이 듣다보니 간이 살짝 부었던 모양. 해서는 안 될 소리를 지껄인 거다. 신들이 내려다보고 있는 세상을 사는 인간들의 금기 사항 중의 금기 사항이 자기가 신보다 낫다고 자랑하는 거다. 인간 눈에는 안 보여도 할 일 없는 신들이라 그런 걸 다 청취하고 있거든. 근데 이 처녀가 자기가 아테나 여신보다도 수를 더 잘 놓는다는 소릴 하고 다녔지. 아테나 여신이 이런 걸 그냥 두나?

그래도 아테나는 참을성 있게 할망구로 변장하고 가서 좋게 타일렀다. "애야, 너, 그러다 아테나 여신이 화라도 내면 큰일 나. 입조심 좀 해야 되겠다." 근데 그 할망구가 누군지 감도 못 잡은 그 처녀, 할망구 말

여성으로서 고귀한 일을 하고 있는 처녀들
실을 잣는 것은 노동 차원이 아니고 여성만이 하는 고귀한 일이었다.
위 조각은 경험 많은 할머니가 손녀에게 실 잣는 법을 가르쳐주고 있
다. 아래는 처녀 둘이서 수를 놓고 있는 장면. 독일, 베를린에서도 과
거 동독이었던 지역을 돌아다니다가 한 건물에서 발견, 촬영했다.

을 우습게 여긴다. 그래서 '안 되겠군.' 하고 아테나
가 자신의 본색을 드러낸다. "네, 이년! 내가 바로 아
테나야!" "아이구머니나!" 싶었던 그 처녀, 너무 겁에
질린 나머지 그만 그 자리에서 서까래에 목을 매어 자
살을 해버린다. 방금까지 살아서 까불까불 하던 것이
막상 이렇게 목을 매달아 처마에 축 늘어진 걸 보니
아테나도 그 처녀가 애처롭다는 생각이 들었지.

그래서 불쌍한 마음에 그 처녀를 거미로 환생시켜

준다. 거미를 잘 보시라. 계속 꽁무니로 실을 잣고 있다. 그 실이 바로 그녀가 목을 맸던 밧줄이라나? 그녀가 수놓던 실이라나?

==

'metis' 란 단어는 알아두셔야~~

참, 그리고 위에 제우스의 거인족 출신 아내 이름으로 '메티스'라는 말이 나왔는데 이 말이 생소하겠다. 근데 이 단어? 알아둘 필요가 있다! 이 단어는 한국에서는 전혀 쓸 일이 없지만 북미에서는 매우 유용한 단어다.

콜럼버스의 신대륙 발견 이후 그저 한 큐에 눈이 어두워 아메리카로 몰려든 유럽인들. 그로부터 훨씬 뒤에 프랑스에서는 신대륙을 식민지화하기 위해 남자들을 보냈다. 초기엔 모두들 혈기왕성한 남자들만 갔지. (나중에서야 여성들도 갔다.) 게다가 좀들 무식했나? 그런 인간들이 주체할 수 없는 성욕을 어떻게 참나? 아니, 참을 놈들도 아니었지. 그래서 북미에서는 먼저 정착한 프랑스계 백인들과 아메리카 원주민(전에 인디언이라고 불렀던 사람들)과의 사이에 무수한 혼혈아가 태어났다. 바로 그들을 'metis'라고 한다는 것.

그 북미 개척 역사 속에 메티스의 비중 또한 엄청

났기에 많은 영화의 소재가 되기도 했으므로 북미 역사를 읽노라면 노상 만나지는 단어가 metis다. 현재 캐나다에만도 약 31만 명이나 살고 있다. 내 캐나다 친구 중에도 한 사람 있다.

거듭 말하지만 우리가 그리스 신화에 대한 지식을 국제적 영어회화에 사용하여 영양가 높은 대화를 해야 하는 이유가 있다. 암브로시아를 먹고 넥타를 마셔 불사(不死)했던 그 많던 그리스 신들은 다 증발하여 사라졌건만 그 신화만은 오늘도 이렇게 우리와 함께 살아있기 때문이다. 위에 '유럽'이란 말이 나왔는데 그 말도 그리스 신화에서 온 인간 여자의 이름에서 온걸? 그 이야기는 제우스 편에 나온다. (제우스가 공주 에우로파를 납치해다가 덮쳤지….)

==

결혼 같은 거? 내 눈에 차는 놈 있으면 나와 보라구 그래

아무튼 아테나도 보통 도도한 게 아니라서 결혼에는 관심이 없다. 우선 그녀의 눈에 차는 남신(男神)이 있을 리 있나? '껄렁한 것들, 바람이나 피우는 놈들하고 속 썩이며 사느니 혼자 살지!' 이런 식이었다. 당시 특히 신들의 경우, 간통죄 따위는 있지도 않았으나 남신이 바람 피울 경우 정말 성질나고 자존심 상하기는

인간 여성이나 여신이나 마찬가지. 게다가 아테나의
경우 남성에 대한 이런 점도 작용했을지 모르겠다.
'내 엄마를 잡아먹은 놈, 아버지, 남자들은 원수'.

아무튼 머리 속에서 아테나를 빼내고 나니 싹 가신
두통, 제우스, 얼마나 시원했을까? 그래서였는지 제
우스는 딸 아테나에게 선물을 하나 줬는데…. 무장을
좋아하는 그녀에게 뭘 주었을까? 그게 방패였다. 군
신(軍神)에 걸맞은 선물을 준 거다. 그런 천하의 제우
스가 준 방패가 보통 명품 방패였겠나? 그 방패는 대
장장이 신 헤파이스토스에게 특별 명령해서 만든 최
고급 맞춤 방패(custom-made shield)인 것이다.

'이지스', 무엇이든지 막는
아테나 여신의 방패 이름

아테나의 그 특별한 방패에는 고유 이름이 있는데
그게 바로 이름도 거룩한 이지스(Aegis). 즉 한마디로
무엇이든 막는 방패다. 동양이고 서양이고 옛 사람들
은 막연하나마 이런 이상적인 방패를 희구했다. 중국
초나라 고사(古事)에도 무엇이든 뚫는 창[矛], 모과 무
엇이든 막는 방패[盾, 순] 이야기가 있지 않은가. 그래
서 앞뒤가 안 맞아 말이 안 되는 걸 '모순'이라고 하지.

아무튼 제우스가 딸 아테나에게 준 그 방패는 동그
랗고 얇고 별로 크지도 않다. 여성인 아테나가 왼팔에

This is what I, Hephaestus, made

이것이 아테나 여신의 방패 '이지스' '역시 명품 같다…'.
위대한 제우스 신의 명령으로 올림포스 대장장이의 신 헤파이스토스
가 제작한 작품이니 당연하지 그런데 방패 중앙에 웬 여자의 얼굴?
이것이 바로 쳐다만 보아도 돌로 변한다는 무서운 메두사의 대가리다.
메두사 얼굴 둘레에 꼬불꼬불한 건 뭐고? 아, 그건 뱀이다. 메두사의
아름다운 머리칼은 질투심에 찬 아테나의 저주를 받아 뱀으로 변해버
렸다. 아테나의 저 바탕, 얼마나 무서운 신인지 감이 잡히시나? 방패
아래를 보자. 방패 뒤에 성수(聖獸 상징동물) 뱀꼬리가 보인다. 뱀은
지혜를 상징한다.

가볍게 끼고 다닐 만했겠다. 그런데도 무슨 화살이든
창이든 몽땅 막는다. 제우스의 벼락도 막는다지.

게다가 나중에 페르세우스를 시켜서 잘라온 메두
사의 대가리를 방패 가운데에다 붙였다. 메두사를 괴
물로 만들고도 성이 안 찬 아테나는 킬러 페르세우스
를 시켜 메두사 목을 베어오게 한다. 잘라온 죽은 메
두사 대가리지만 약발은 그대로이기 때문. 즉, 누구든
지 대항은커녕 그걸 쳐다만 봤다 하면 돌로 변해버린
다. 즉 막는 것뿐이 아니라 우선 상대를 '무력화' 시키

는 거다.

그래서 미국이 '무슨 미사일이든, 몇 발이 동시에 날아오든 모두 막아 '무력화' 시키는 첨단 이지스 시스템을 개발했을 때 그 이름을 그리스 신화에서 따와 "이지스"라고 했던 것. 참으로 기발한 작명이다. 그리스 신화에 나오는 신들의 이름을 무기에 갖다 붙인 것 중 이건 아주 딱, 완벽하게 들어맞는 경우다.

하와이 진주만에서
꿈의 이지스함을 만나다

1996년 여름, 한국에서 출판과 강연 등을 마치고 가족과 캐나다 집으로 돌아가는 길에 하와이에 들렀다. 이렇게 하와이에 다시 간 건 10여 년 만인데 손바닥만 한 하와이 오하우 섬이야 빤한 코스, 관광객이면 다들 하는 코스를 우리도 렌터카로 다시 한 번 뻥 돌아봤다. 당시 어렸던 아들에게는 처음이니까.

그리고 전에 왔을 때와 같이 또 헬리콥터를 타고 미 해군기지 진주만을 '열심히' 내려다보며 '열심히' 사진을 찍었다. "저것 보게, 저기 핵잠수함이 입항하고 있네?' 저 핵무기가 탑재된 잠수함이 무서워서라도 섣불리 선제 핵공격을 못하게 제어하는 보루지.

헬리콥터 투어를 마치고 나서는 배를 타고 다시 진주만(Pearl Harbor)엘 건너가는데 뭐 하나라도 더 카

무엇이든지 모두 막는 방패 '이지스'가 현실화된 이지스 군함
이지스함은 USS Port Royal 함까지만 순양함이고, 이후는 전 세계적으로 구축함급으로 건조되고 있다. 순양함에 비해서 크기는 훨씬 작지. 함교 전면에 8각형 SPY-1 레이더가 보인다.

메라로 잡으려고 정말이지 마음과 눈이 바빴다. 아, 사방이 내가 좋아하는 군함들인 걸. 게다가 미국의 신형, 첨단 군함들 아닌가? '그런데 저 군함은 뭐지…? 못 보던 건데?' (지금하고는 비교도 안 되게 정보가 약했던) 당시로선 사진으로도 못 본 군함이다. 바로 건너편에 뭔가 마치 철가면으로 얼굴을 덮어버린 듯 인정미라곤 없게 생긴, 게다가 조형 상으로는 가분수 같은 꼴을 하고 있는, 괴상하게 생긴 군함이 정박하고 있네.

한국전쟁 인천상륙작전에 이어서 월남전에서 마지막 힘을 쏟고 거함거포(巨艦巨砲) 시대는 막을 내린다. 그리고 1961년에 취역한 최초의 핵 순양함 롱비

2008년부터 취역에 나선 자랑스러운 대한민국의 첫 번째 이
지스 시스템 구축함 세종대왕함(DDG-991)
공격, 방어 능력은 말할 것도 없고 가격만도 당시 시가로 무려
1조 3000억 원짜리다. 파란 화살표가 가리키는 것이 SPY-1
레이더, 이지스함들의 심벌 격이다.

치호(CGN 9)를 효시로 무장이 거포에서 미사일 위주로 함정 디자인이 획기적으로 단순해졌다. 거기까지는 알고 있었는데… 저런 괴상한 군함은 첨 보네.

무엇이든지 막는 아테나 여신의 방패에서 이름을 딴 이지스함

그건 또 다른, 괴상한 군함이었다. '흠…' 당시는 필카(필카는 정식 용어가 아님.) 시대. 300㎜ 망원렌즈를 사용하여 슬라이드 필름으로 잘 촬영해됐다. 나의 촬영 신조. '선 촬영, 후 반추.' 그래서 나중에 알아보니, 그게 바로 꿈의 이지스함이었던 것!

그리스의 전쟁신 아테나 여신의 '무엇이든 모두 막는 방패'에서 이름을 딴 꿈의 이지스함. "와! 정말 월척을 건졌구나!" 사진에서 선체는 일부 가려져서 다 보이지 않으나 마치 철가면같이 생긴 함교(bridge)가 보인다. 그 함교 전면의 SPY-1 레이더(8각형으로 된)를 잘 보시라. 함수에 73이라고 쓴 함으로 USS Port Royal이다. (미국 군함 이름 앞에 붙는 USS는 United States Ship이라는 뜻.) 12인치, 16인치의 대 구경의 포를 설치한 순양함이나 전함 시대가 지났기에 마지막으로 1994년 5월에 취역한 순양함이다.

그러나 거포가 다 뭐야? 이지스 시스템을 갖춘 최초, 최신예함. 어쩐지 망원 렌즈로 이 사진을 찍노라니 경비하던 미해군 수병이 나에게 신경을 쓰며 찍지 말라고 한다. 그럴 때는 어떻게 하는 게 좋지? 그저 영어 못 알아들은 척하고 일단 찍고 보는 거지.

물렀거라, 대한해군 이지스함 나가신다

당시 우리나라로서는 일반인 수준에 이지스함에 대해선 알지도 못하고 있었던 때. 물론 우리 국방 관계자들이야 잘 아는 정도가 아니라 철저한 기밀 속에 그때 이미 이지스함 건조 프로젝트를 진행하고 있었다. 그래서 2008년 이지스 세종대왕함(DDG-991)이 취역하기에 이르렀던 것. 그러나 이제는 매스컴과 디지털 문화 덕에 웬만한 사람이면 다들 이지스함이 어떤 군함이라는 것 정도는 상식이 됐다. 필요하면 검색으로 얼마든지 알 수 있고….

그저 이 책의 성격상 상식적으로만 전하자면 이러하다. (더 알고 싶은 사람은 각자 검색으로−) 이지스함은 구축함 급으로 이론적으로는 반경 500㎞에서 접근하는 200여 개의 표적을 동시에 탐지, 최대 24개의 적기나 미사일을 추적, 요격할 수 있는, 한마디로 모든 공격을 막을 수 있는 시스템을 갖춘 군함이다. 실제로 그런 극한 상황이 일어날 일이 있겠냐마는 기능적으로 그렇다는 거다. (여기 적은 숫자는 건조된 이지스함마다, 문서마다 큰 차이가 있음.)

미국의 이지스 구축함 러셀 (USS Russell DDG-59)
이지스 시스템 함 초창기인 1995년에 취역. 최고 시속 30 노트, 길이 154m, 폭 20m, 1995년 실전에 배치, 장교 38명, 하사관, 수병 210명 승조. DD는 destroyer(구축함), DDG에서 G는 Guidance 즉 이지스함이라는 의미.

정말 그런 '쎈' 기능이 있을까?

그나저나 정말 그런 기능이 있을까? '있다!' 우리가 이지스함을 갖춘 후의 첫 실적인데 2009년 4월 5일, 북한이 수상쩍은 장거리 로켓을 발사한 걸 15초 만에 탐지 추적해내 이지스 시스템의 위력을 보여줬다. 아무튼 경이로운 일이다. 공격해오는 모든 미사일을 탐지, 추적하고 요격까지 할 수 있는 군함이라니…. 미해군의 하퍼급 이지스함은 2009년 7월 30일, 하와이 인근 상공에서 발사된 단거리 탄도 미사일을 SM-3 미사일로 요격, 성공시켜 그 능력을 증명했다.

대한민국의 자랑, 차세대 이지스 4번째 함 정조대왕함

  DDG–995함. (* D는 destroyer, 즉 구축함, G는 이지스함이라는 뜻)
함형이 너무 단순해 보이나? 얼른 보기에 모형 군함 띄워놓은 것 같
나? 제2차 세계대전까지의 거함거포 시대의 옛 전함(BB급)들은 주포
3연장 16인치 포탑(turret)이 함수에 둘, 함미에 하나, 쌍연장 5인치 포
는 부포(副砲)로 사이드에. 정말이지 보기만 해도 정말 태산같이 우람
했는데…, 그러나 그건 옛날 이야기고…, 검색으로 정조대왕함에 대해
서 조금만이라도 알고나면 그야말로 '허걱' 하게 되지

23번째 실험으로 19번째 성공이란다.

  그랬기에 당시 타이완이 미국과 이지스함 구입 물
밑 작업을 시작했었을 때 중국이 미국에 대해 외교적
으로 정면으로 대응하는 바람에 유야무야된 적도 있었
다. 당시로서는 타이완이 이지스함을 타이완 해협에
배치해두면 타이완 압박용 중국의 미사일 망들이 유명
무실해질 일이었기 때문. (이렇게 '쎈' 군함이시다.)

  막강 우리 해군은 2010년에는 이지스 2번 함인 율
곡이이함(DDG-992)을, 2012년에는 이지스 3번 함인
서애류성룡(DDG-993)함이 실전 배치되었고, 2022년
현존 최강 이지스함으로 정조대왕함이 진수됐다. 우

리 해군은 우선 최소 6척의 이지스함을 갖출 계획. "조~오타!" 이런 국방 계획은 실질적으로는 너절한 북한 해군 따위 정도를 대비해서가 아니라는 건 짐작이 간다. 그럼 어느 나라들을 가상 적으로? "…흠, 그거야 나 정도가 감히 어이 알겠는가. 설령 귀동냥으로 알았어도 여기에다 쓰기는 좀 그렇지."

자, 그럼 '이지스(AEGIS)'는 무슨 뜻?
첨단 이지스 시스템 군함과
아테나 여신과는 뭔 관계?

이건 참 어려운 말인데…. AEGIS는 Advanced Electronic Guidance and Instrumentation System의 머리글자를 모아 만들어진 말(acronym)이다.

2008년 12월 22일, 우리나라 첫 이지스 시스템 함 '세종대왕함'이 취역됐다. 정말 세계 만방에 '으쓱~' 할 일이었다. 세계적으로 이지스함을 갖춘 나라는 현재도 미국을 위시하여 일본, 노르웨이, 스페인 그리고 한국, 호주 이렇게 여섯 나라밖에 안 된다. (물론 명칭은 달라도 성격은 비슷한 군함들이 러시아나 중국 등에 있긴 하다.)

기술도 기술이지만 우선 가격 면에서도 웬만한 나라에서는 보유하기 어려울 정도로 입이 딱 벌어질 액수다. (물론 각나라마다 국방상 그런 꿈의 군함까지는 필요치 않아서 그렇기도 하겠지만.) 한 척 건조 가격이 '헉!' 세종대왕함 건조 당시 무려 1조 3000억 원! 설계비만 700억 원이 들었다는 첨단 군함이다.

세상에, 아무리 "억, 억!" 해도 그렇지 설계비만 700억원이라니. 그것뿐인가? 연 유지비며 감가상각비까지 계산하면 이건 대체 어떤 돈 먹는 하마인가? 그러나 자주 국방에 다른 방법 없다. 나라만 지킨다면 무조건 '오케이' 지.

2022년 7월 28일은 기록적인 날이다. 이제까지의 이지스함을 뛰어넘는 첨단 이지스함 정조대왕함이 진수했다! 우리나라 4번째 이지스함이다. (이 이상은 감히 나 정도가 뭘 안다고 설명하겠는가? 여러분이 검색해보시라.)

우리 대한민국은 이런 첨단 과학 기술, 경제력을 갖춘 나라다. 난 이래서 더 내 나라, 기술 한국이 자긍스럽다.

또 군대에서 축구한 이야기 하는 거야?

소생 한호림은 대한민국 해군 출신. 지극히 개인적인 신상 이야기지만 1967년 1월 입대, 신병 131기. 2024년 5월로 703기가 입영했으니 이들이 보았을 때는 정말이지 감도 안 잡힐 왕고참이시지.

여러 해 전, 내가 해군 초청으로 해군사관학교와

최신예 구축함 양만춘함(DDH-973 H는 헬리콥터 탑재 의미)을 방문한 적이 있었다. '원, 세상에, 왕년의 수병이었던 내가 브리핑을 다 받아보다니….' 그때 장병들에게 내 소개를 했는데, 군번은 310 0008번. 우리 기수부터 새로 만든 310 첫 군번에서 여덟 번째 분이시라고 했더니 "우와!" 소리가 다 터져 나오데. (지금은 3군 통합 군번으로 이런 식으로 바뀌었다. 22-71000745)

나는 바다가 좋고 해군이 좋다

나는 바다와 군함이라면 '뭐든 무조건' 인 사람. 열심히 공부한다. 우리 집 복도의 문설주 위 등 곳곳은 내가 만든 모형 군함으로 장식되어 있다. 충무공 연구를 근거로 한 사이즈를 축소해서 제작한 거북선도 내 책상에 놓여 있다. 아예 지하실 홈 카페는 군함의 선실로 꾸며놨고 내가 승조했던 호위구축함 DE-71(경

한국함대 1전단 호위구축함 경기함 (DE-71)의 모형
정말이지 나의 군대생활은 정말 보람 그 자체였다. 해군이 나보고 "넌 오지 말라"고 했으면 어쩔 뻔했나? 이 경기함에 승조하여 동서남해를 경비하던 그 시절, 그 추억. 설계도에 맞추어 1/100로 제작. 지금 이 경기함은 필리핀에 무상 증여되어 필리핀 바다를 지키고 있더군.

우리 집 서재 문설주 위를 장식하고 있는 미국의 순양함 롱비치호 모형
1961년 취역한 미국의 롱비치호(CGN-9 Long Beach)는 우선 최초의
핵추진 순양함. 거함거포주의에서 미사일로 바뀌는 시대를 열면서 함
형의 이미지를 완전히 바꾸었다. 1995년 퇴역한, 기념비적인 군함.

기함)도 1/100 크기로 제작하여
길이 90.5㎝의 정교한 모형으로
테이블에 놓여 있다. 물론 내가
병장 시절에 순 손으로 나무를
깎아서 공들여 만든 거지.

아, 그나저나 1967년 1월, 신
병 모집 시험에 떨어져 해군에 못 갔더라면 그 한을
평생 어찌할 뻔했나.

그리스의 아테나 여신이
로마 신화로 들어가서는 미네르바가 됐다

아테나 여신의 로마 신화에서의 이름은 미네르바(Minerva)다. 물론 성수(聖獸) 올빼미도 그대로고 무적의 방패 이지스도 그대로 휴대한다. 미네르바는 그리스 신화의 아테나 여신의 직무를 그대로 이어받아 전쟁의 여신, 지혜의 여신 기타 공예 등 몇 가지 분야의 여신이긴 하나, 전쟁을 중요시했던 로마인에게 전쟁신은 남성 신 마르스(Mars)면 족했던 모양이다. 그래서 전쟁신 마르스는 최고신 주피터 이상의 대접을

(왼쪽) 캐나다 토론토 북쪽 한인타운
옛 그리스 로마 신들은 자기네들의 심벌 동물과 식물이 있었다. 아테나는 전쟁신, 지혜의 여신이었기에 지혜로운 동물이라고 여긴 올빼미를 그녀의 심벌로 했다는 것. 그래서 많은 만화에서도 보면 올빼미는 학문의 상징인 사각모를 쓰고 있지. 그러니까 우리 음식점은 공부하는 젊은이들이 오는 곳이라는 의미가 들어 있다.

(오른쪽) 서울 신촌 대학가
사실 대학가(街)니까 지혜, 학술의 여신 미네르바 포장마차라고 하면 말이 되지. 만나서 한잔 때리기만 하나? 그러다가 학술을 논할 수도 있고 그래서 지혜를 나눌 수도 있지. 원래 그리스어에서 온 '심포지움'이 '같이 마시며 토론한다'는 의미이듯이.

받았으나 여신 미네르바는 실제 전쟁, 전투에 간여시키지 않았다. 대신 지혜, 학술, 예술의 신으로 존재했지.

우리 곁의 미네르바

미네르바(Minerva), 서구에서는 곧잘 쓰이는 명칭이다. 캐나다 토론토 북쪽, 흔히 노스욕(North York)이라고 부르는 new 한인타운에 '미네르바의 부엉이'라고 하는 유명한 감자탕 집이 있다. 교민은 물론이고 한국 젊은이들, 외국 젊은이들, 유학생, 연수생들에게 아주 인기다.

그런가 하면 서울 신촌 대학가에 신기하게도 미네르바라는 명칭을 쓴 술집들을 본 적이 있다.

캐나다 토론토의 미네르바의 부엉이 감자탕 집 간판
언제나 사람 좋은 아줌마 사장님. 근데 왜 학사모를 쓰고 계실까? 그리고 웬 부엉이!? 응, 학사모는 지식의 상징, 부엉이나 올빼미는 둘 다 영어로는 같은 owl로 지혜/지식의 여신 미네르바의 성수(聖獸)거든. 특히 중국 친구들이 이 감자탕을 좋아하여 중국어(한자)로도 표기를 해놨다.

이지스 방패에 창을 든 아테나 전쟁의 여신
역시 미의 여신 아프로디테하고 맞장을 떴을 미모의 여신인지라 머리
엔 자신의 아름다운 헤어스타일을 보이게 하면서도 전쟁신으로서 투
구를 쓰고 창과 무엇이든지 막을 수 있는 이지스 방패를 들고 있다.
아테나 또한 올빼미와 함께 뱀을 성수(聖獸)로 삼고 있어 옷의 가슴
부분은 뱀으로 장식되어 있다. 이탈리아 나폴리 국립 고고학 박물관
에서 만났다.

Tanrıça ATHENA

자, 보시라구. 아테나 여신이다
투구 쓴 여신상이 있으면 그건 무조건 아테나다. 이 여신의 가슴엔 뭐가
달려 있나? 그게 그녀가 페르세우스를 시켜 잘라온 메두사의 대가리(얼굴)
이다. 대리석 작품. 튀르키예 앙카라 아나톨리아 문명 박물관에서 만났다.

토론토의 유서 깊은 석조 빌딩 칼레지 파크를 지키고 있는 아테나 여신
투구를 쓰고 갑옷을 입고 쐐기돌(keystone) 위치에서 내려다보고 있
다. 이건 아테나 위상으로 보아 좀 아니다. 아테나가 빌딩이나 지키고
있대서야 위신이 서나? 머리 위 벽면의 뇌문(벼락무늬)이 전형적인 그
리스 문양(grecque)이다. 중국음식점 접시 가장자리나 한국의 돗자리,
식탁 둘레 같은 데서 볼 수 있는데, 우리말로는 뇌문, 돌림무늬라고도
한다. 그 먼 데 그리스에서 시작한 문양이 세계를 석권하며 실크로드
를 거쳐 우리나라에까지 들어와 마치 우리나라 전통 문양같이 된 것

그리스 로마 신화 187

아테나가 새겨진 주화
이탈리아 주화. 아테나 앞의 나무는? 올리브 아테나의 성수(聖樹 신의 상징 나무)다. 누가 아테네시의 수호신으로 추대되느냐로 아테나와 포세이돈이 경선을 벌였을 때 아테나가 아테네 시민에게 선거 공약으로 내놓은 것이 올리브였다.

로마의 무명 용사 기념탑의 아테나 여신
비토리오 에마누엘레 2세 기념관 앞, 무명 용사 기념탑의 아테나 여신상. 왼손에는 승리의 여신 나이키, 오른손에는 창을 들고 있다. 정면에 IGNOTO MILITI(무명 용사)라고 써 있다.

←
여상주 위의 아테나 여신
신격과 인격이 다르긴 하다 해도 같은 여성으로 아래에 그 무거운 기둥을 받치고 있는 거인 여성 위에 딱 폼 잡고 서 있는 아테나 여신. 러시아 상트페테르부르크 겨울궁전에서 만났다.

방패를 들고 호텔 현관을 지키고 있는 아테나 여신 상

아니, 어쩌다 호텔 현관이나 지키는 신세가 됐나? 방패 이름 이지스가 아깝다. 하긴 현대 사회에도 접목시켜야지, 이런 아테나가 지키면 무슨 도둑이든지 막을 것 아닌가? 요즘은 AI로 어떤 정보도 다 빼가

는 첨단 도둑 시대니까 그런 것도 막아야지. 물론 장식으로 세워놓은 것이지만 그냥 해본 소리. 왼편 사진은 토론토, 오른편 사진은 태국 의 호텔에서 만난 아테나 여신상.

고대 그리스 신점 센터 델포이의 아테나 여신 신전
그리스 중부 파르나소스산 중턱 델포이의 아폴로 신전이 있는 곳에서
내려다보았을 때, 저~ 아래에 멀리 떨어진 곳에 있는 아테나 여신 신
전이다. 거리가 만만치 않고 우선 비탈이 가팔라서 내려갔다 오기도
힘들다. 겨우 기둥 3개지만 그거라도 남아 있어 그나마 전체 형태를
짐작이라도 하게 해주니 다행이다. 폐허를 보고 상상만 해도 이렇게
원형으로 된 아름다운 신전인데 전성기에는 얼마나 아름다웠을까?

오스트리아 수도 빈 국회의사당 앞의 아테나 여신
황금 투구에 황금 흉배, 황금 창날의 아테나 여신이시다. 왜 아테나는
전쟁에 나가면 언제나 승리했을까? 앞서 이야기했듯이 승리의 여신
나이키(Nike), 그걸 항상 오른손 손바닥에 얹고 다니니 안 이길 수가
있나?

미국 뉴욕 컬럼비아대학교 도서관 앞의 미네르바 동상
머리엔 올리브관, 오른손엔 권위를 상징하는 큰 홀(笏, scepter)을 쥐고 지혜/학문의 상징으로 무릎 위에는 책을 펼쳐놓고 있다. 이 동상 어디엔가에 미네르바의 올빼미가 숨어 있는데 이걸 찾는 것이 관광객들에게는 하나의 재미(?)다. 가보시게 되거든 찾아보시면 됨. ^^

아,
요기 숨어
있었구나ㅎ

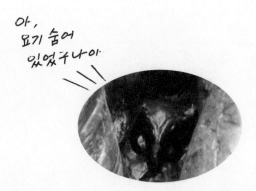

> 그들은 산에서 내려왔다.
> 아테나 여신처럼 차려입은
> 키 큰 여자가 피시스트라토스를
> 축복하여 앞에서 이끌었다.
> (아테네 인들은 언제나
> 좋은 연극을 좋아한다!)

> 연극이야,
> 진짜야?

세계적인 미국의 만화작가 래리 고닉(Larry Gonick)의 작품
방패에 그려진 올빼미가 보인다. 래리 고닉은 그리스 로마 신화에 대
해 유전적으로 '다' 아는 데다 거기에 깊은 공부까지 하여 만화를 그
리는 세계적 작가다. 단순 만화가 정도가 아니다.
보시다시피 그림도 여간 잘 그린 게 아니다. 코믹하면서도 사실에 근
거를 두어 정교하게 그렸다. 한 예로 걷고 있는 황소의 네 발 형태와
엉덩이 양쪽에 툭 불거져 나온 엉치뼈의 묘사도 좀 보시라.

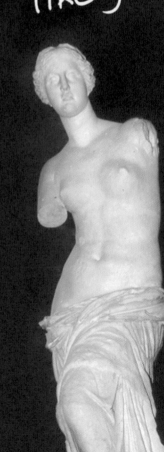

I've never had an ugly husband like you.

畵中之餅
화중지 병
그림의 떡이라.

6

참으로 황당한
헤파이스토스의 탄생 과정

←

난, 너 같은 찌질남을 남편으로 둔 적이 없어!
이런 완전 개무시가 있나? 헤파이스토스의 심정을 생각해보시라고.
오른편 작품은 가장 유명한 비너스(아프로디테) 상이다. 파리 루브르
박물관에서 촬영.

헤라, 최고신의 아내지만 평생 마음고생이었지
2세기 로마 시대 작품. 어떤 놈이 코를 깨냈나? 신상 파괴 시대 때 깼겠
지. 이탈리아 나폴리 국립 고고학 박물관에서 촬영.

너만 혼자 아이 낳을 줄 아니?
나도 낳는다

대장장이 신 헤파이스토스의 탄생 과정이다. 아테나는 제우스가 혼자서 낳았다고 했다. 물론 자기 아내였던 메티스를 잡아먹어버렸고, 그래서 메티스 복중에 있던 아테나가 제우스 머리 속으로 옮겨져 자라난 것이라 엄밀히는 양성생식이긴 하지만.

그 뒤 정처(正妻)로 들어앉은 헤라 여신은 강짜가 여간 심하지 않았지. 가정과 결혼을 수호하는 여신으로서 그녀는 제우스의 파렴치한 외도에 환멸을 느끼고 있었거든. 그걸 어떡하든 제어하려다 보니 점점 더 강짜가 센 여신으로 비치게 된 거다.

그녀는 남편 제우스가 혼자 낳은 딸 아테나가 자기 부부 호적에 들어 있는 것부터 기분 나빴다. '제우스가 딸을 혼자 낳았다? 좋아, 그렇다면 나도 한 번 혼자 낳는 거야.' 이런 생각으로 하여간 어찌어찌 혼자 아기를 가졌고 정말 그렇게 처녀 생식/단성 생식으로 혼자 낳은 것이 헤파이스토스다.

근데 낳고 보니 '되게' 못생겼더란다. 게다가 비리비리하고 선천적 장애로 절름발이로 태어나고….

장애자 헤파이스토스를 혼자 낳고 나서 헤라는 고민이다. 최고신의 아내인 자기가 낳은 아들은 당연히 신이다. 그러나 신은 신다운 품격이 있어야 할 거 아닌가? 제우스가 밖에 나가서 낳아온 아들들, 아폴로 봐, 좀 잘생겼나? 헤라클레스 봐, 근육미가 좀 좋은가? 산도 집어던지지 않나? 근데 내가 혼자 낳은 앤 이게 뭐야?

그래서 순간적 초고압 산후 우울증이 작용했을까? 헤라는 아기 헤파이스토스를 집어 들더니 그냥 천상에서 올림포스산 아래로 던져버린다. '이런 게 있으면 내 명예가 손상돼…' 참 무정한 '에미'도 다 있다. 헤라는 가정의 신이기도 한데…..

가여운 헤파이스토스, 이게 뭔 날벼락이람. 다행히 바다로 떨어져 약간의 부상만 입고 목숨은 구했다. 하긴 신이라 죽지도 않겠지만 이래서 더 골병들었겠지. 그는 바다의 여신 테티스(트로이 전쟁의 영웅 아킬레스의 어머니)의 구조를 받아 살게 됐다.

대장간, 보행 장애자에게 맞는 자영업

테티스는 헤파이스토스가 손재주가 많은 걸 보고 바닷가 동굴에 대장간을 하나 차려줬다. 발도 저니까 그런 일이라도 하여 독립하라 그런 뜻이지. 그렇게 9년간 살면서 헤파이스토스는 엄마 같은 테티스에게 기가 막히게 아름다운 명품 브로치를 디자인하여 제작해준다. 그녀는 뽐내는 맛에 그걸 달고 다닌다. 그러다 그만 그 브로치가 헤라 여신의 눈에 띄었다. 신

한국의 헤파이스토스 공방
뻘겋게 단 쇠가 불속, 물속(담금질)을 들락날락하며 망치에 의해 모루 위에서 과학 덩어리로 탄생된다. 근데 대장장이의 옷이 너무 깨끗하잖아? 어허, 원래 연구실의 과학자는 하얀 실험실용 가운을 입고 일하잖는가? 경기도에 있는 한국민속촌에서 촬영한 거라 그렇다.

이고 인간이고 여성은 여자다. 그 브로치에 눈독을 들인 헤라, "야, 너, 그거 명품이구나? 어디서 났지?" 갑자기 꾸며댈 수도 없지, 게다가 어느 안전(眼前)이라고….

"당신께서 천상에서 지상으로 내던져버린 헤파이스토스를 여차저차해서 제가 기르고 있사온데, 그 아이가 만들어준 것이옵니다." 라고 했겠다. 그러자 헤라, 참으로 철면피다. 친권을 행사하여 당장 테티스로부터 헤파이스토스를 빼앗아다가 올림포스 천상 자기 궁전에 데려다놓는다. 그러고는 그깟 테티스가 차려준 시설 정도는 깜도 아니게 최고 시설의 대장간을 차려준다. 용광로가 20대나 있었다니 우주 최고의 금속 연구 단지 아닌가?

또 갓 난 걸 지상으로 내던졌던 게 그땐 좀 미안한 마음도 들었겠지.

"헤파이스토스야, 너도, 장가들고, 싶지?"

"…."

"미녀, 어때?"

"…."

"알았어!"

"…."

무슨 속셈에선지 헤라는 최고의 미의 여신, 사랑의 여신 아프로디테(로마신화의 비너스)와 짝을 지어줬다. 아마도 자기 또한 미모로선 여신들의 세계에서 정상이라 생각하면서도 그래도 속으로는 미의 여신 아프로디테에게 끌리는 데가 있었을지도 모르지. 그러니까 세상에서 제일 못생긴 신과 부부로 엮어줌으로써 어떤 심리적 쾌감 같은 것을 얻으려고 그러지 않았을까?

헤파이스토스로서는 우선은 '이게 꿈이냐 생시냐?' 싶었는데…. 그러나 미의 여신이라는 아프로디테가 헤파이스토스를 남편 대접은커녕 개무시를 한다. 아예 침대 근처에 얼씬도 못하게 하고 공개적으로 바람만 피워대서 늘 말도 못하게 더 외로웠지.

대체 왜 헤파이스토스는
절름발이가 됐는데

헤파이스토스는 다시 제우스를 아버지로, 헤라를
어머니로 하여 한 지붕(신전)에서 살게 됐는데… 어
느 날 제우스의 바람기 때문에 큰 부부 싸움이 일어났
겠다. 제우스가 가정 폭력까지 범한 날이었다. 최고
신이란 놈이 최고여신인 아내 헤라에게 진짜 주먹질
까지 한 거다. 그때 헤파이스토스가 그래도 엄마 편을
들며 제우스에게 대들었네. 하긴 종합제철소(대장간)
차려줘, 어쨌든 우주 최고의 미녀에게 장가 보내줘,
그러니 엄마 헤라의 편을 들 만도 하다.

허, 제우스로서는 가뜩이나 헤라가 박박 기어올라
열 받아 폭발 직전인 터에 상통도 보기 싫은 놈 헤파

에미가
집어던져…
애비가
집어던져…
이게 뭐요?

황금 의족

부모라는 것들이 말야… 교대로 날 집어던져 이꼴을 만들어놓고 말
야… 그래도 참자…

이스토스까지 같이 합세하니 뚜껑이 확 열려버린 거다. 자기 아들로 호적에만 올라 있을 뿐, 자기 피라곤한 방울도 안 섞인 놈이 어따 대고 기어올라? 제우스는 헤파이스토스를 발로 걸어차 지상에다 패대기쳐버린다.

그렇게 또다시 천상에서 지상으로 낙하산도 없는 스카이다이빙을 한 헤파이스토스, 이번엔 땅이긴 땅이지만 에게해 북쪽의 조그만 섬에 떨어졌는데 그만 다리가 부러졌다. 어떤 설에는 두 다리가 다 부러졌다고도 하고. 그래서 그 후 황금으로 만든 의족을 끼고 살게 되었다고도 하고.

아까 이야기한 것처럼 원래 태어날 때 그냥 절름발이였다고도 하지만, 하여간 이래저래 헤파이스토스는 장애자가 됐다. 여기서 우리는 고대 그리스 부모들의, 특히 그리스 아버지들이 자식에 대한 생사여탈권을 행사하는 걸 엿볼 수 있다. 못생기고 장애가 있고 맘에 안 들어? "갖다 버려!" 그럴 때 당시 엄마들의 마음은 어땠을까?

첨단 과학 기술 연구 제작소
헤파이스토스의 작품들

그런 헤파이스토스, 못생긴 데다 장애자였으니까 밖에 나가지 않아도 되고 별로 걸어다니지 않고도 할 수 있는 직업, 대장장이 일에 전념했다. 즉 농구선수들의 피벗(pivot) 개념으로 한 발만 고정시키고도 요리조리 몸을 움직이며 일을 할 수 있었던 것. 게다가 신의 핏줄이니 아이디어에서부터 미적 감각이며 손재주가 뛰어났을 수밖에.

이건 뭐 디자인하고 두드려내는 것마다 히트 제품이다. 진짜 예술적 명품이다. 결국 그런 작품 활동을 통해 아버지 제우스와도 화해하게 되고, 올림포스 신의 반열에 끼게 됐다는 것.

그리스 신화에서의 대장장이는 첨단 과학 기술을 가지고 있는 신으로 존중 받는 위치였다. 신들의 파티에서 리라를 연주하는 아폴로 같은 신들이 하는 고상한 직책에 비해 좀 작업이 거칠고 연구소(?) 분위기가 지저분했지만 그래도 절대 신으로 알아 모셨다. 과학

내 직업은 pivot 정도로만 움직여도 되지

의 신으로, 발명의 신으로, 기술의 신으로, 공예의 신
으로 말이지.

　하나하나 보자. 우선 그 아름다운 선율이 흘러나오
는 아폴로 신이 켜는 황금 리라부터가 헤파이스토스
의 작품이다. 그 신들의 파티에 참석한 군신 아레스
등 남신들의 위엄을 더하는 빛나는 투구며 갑옷이며
각종 무기들이며, 여신들의 그
화려한 장신구들은 모두 그들
이 아양을 떨며 부탁해왔을 때
헤파이스토스가 자기 연구소에
서 디자인하여 제작해준 거다.
아, 최고신 제우스의 벼락 무기
에서부터 바다의 신 포세이돈
의 지진과 파도를 일으키는 트
라이던트(삼지창)도, 저승의 신
이라 천상에는 올라올 수가 없
어서 그렇지 역시 제우스의 형
인 하데스(로마신화의 플루토)
의, 쓰기만 하면 투명 인간이
되는 투구도 모두 헤파이스토
스 연구소의 작품.

아폴로의 황금 리라
이게 순 황금이니 야! 가격이 얼마며 무게는
또한 얼마란 말인가? 이걸 어떻게 그렇게 가
볍게 들고 있을 수가 있나? 어허, 그 생각을
않으셨군. 신들은 지구 중력의 영향을 안 받
는다. 신들로서는 폼이 우선이다.

헤파이스토스에 반영된
고대 그리스인들의 상상 기술들

아, 이럴 게 아니라 헤파이스토스 신의 작품들을 통해서 당시 그리스인들의 상상력이 반영된 미래형 기술들을 살펴보자. 그리고 나서 슬슬 이야기를 끝내자.

뇌수술 개념?

만성 두통 제우스가 머리가 아파도 너무 아파서 헤파이스토스를 시켜서 도끼로 자기 머리를 까내게 했다. 그랬더니 그 두개골에서 딸 아테나가 무장을 한 채로 튀어나왔다. 앞서 아테네 편에서 다 이야기한 거지만. 즉 뇌종양도 아니고 두개골 안에서 태아가 자라는 바람에 그렇게 아파 죽을 지경이 되었던 것. 이게 바로 고대 그리스 사람들이 상상한 뇌수술 개념 아니겠는가? 실제로 어디까지 믿어야 할지 모르지만 고대 그리스 시대에 백내장 수술(?)까지 했다던데? 박물관에 진열된 그리스 고대의 수술 도구들을 보면 고개가 갸우뚱해진다. 그 당시 수준으로 대단하긴 하지만 저걸로 어떻게 눈동자를 수술해? 도끼로 제우스의 머리(?)를 깠다고? 이건 무지스런 표현일 뿐 수술 도구로 두개골을 열었다는 의미겠지만.

(왼쪽) 헤파이스토스가 제작한 이지스 방패
어디 현품이 있나? 현대인의 상상으로 복원된 것이지. 방패 중앙의 여
자 머리가 메두사 대가리다.
(오른쪽) 무엇이든 모두 막는 방패 '이지스'가 현실화된 이지스 군함
이지스함은 USS Port Royal 함까지만 순양함이고, 이후는 전 세계적
으로 구축함급으로 건조되고 있다. 순양함에 비해서 크기는 훨씬 작
다. 함교 전면에 8각형 SPY-1 레이더가 보인다.

이지스(Aegis) 시스템의 원조

그렇게 제우스의 머리를 절개하자 거기서 창을 든
아테나가 튀어나왔고, 지혜의 신, 전쟁의 신이 된 그
녀에게 아버지 제우스는 방패를 선물로 줬지. 헤파이
스토스보고 특제로 하나 만들라고 해서 말야. 그 방패
이름이 이지스(Aegis)다. 그건 화살이고 창이고 칼이
고 돌이고 못 막아내는 게 없는 방패라는 것. 게다가
페르세우스가 잘라온 메두사의 대가리를 그 방패 중
앙에 덧붙임으로 해서 그걸 쳐다본 상대는 돌로 변해
그대로 상대를 '무력화' 시킨다고 했다.

그 아이디어가 그대로 현대 군함 방어 시스템에 실현된 것이 이지스 시스템 군함인 거고. 앞에서 이미 설명했지.

우주 저편까지의 원격 조정 무인 차량(vehicle)

헤파이스토스는 금 바퀴가 3개 달린 테이블을 만들었는데, 이걸 대장간 옆에 세워뒀다가 필요하면 올림포스 신들의 회의장인 천상까지 저 혼자 굴러갔다가 용무 마치면 굴러오게 했다. 즉 자신이 보행이 불편하니까 납품 같은 걸 하기 좋게 이런 AI 조정 무인 차량 착상을 하고 발명한 거지.

보시라. 지금 이것이 현실화되어 2004년 1월, 그먼 천상 세계(?)인 화성 표면에 안착하여 NASA 대장간에서 "가라!" 그러면 굴러가고 "와라!" 하면 굴러오

"(내가 만든) 이 투구를 마르스 전쟁신께 택배하거라!" "옛썰!"

로마의 군신 Mars의 이름을 딴 화성 탐사 차량
그 먼 지구의 NASA 대장간에서 시키는 대로 화성 표면에서 "가래!"
그러면 굴러가고 "멈춰래!" 하면 멈춘다. 헤파이스토스의 대장간에서
는 3바퀴로 제작했는데 NASA에서는 아직도 기술 부족(?)으로 3 x 2
로 했군.

는 바로 그 화성 탐사 차량(Mars exploration rover)이
아니겠나.

　손재주가 좋아도 거인족에다가
　그 상판대기는 보기에 좀 그래…
　헤파이스토스는 다리가 불편한 까닭에 행동 반경
이 극히 좁은 직업을 택하긴 했다. 그래서일까? 수족
같이, 입안의 혀처럼 부릴 조수가 절실했고, 거인족
출신 외눈박이 키클롭스들을 조수로 썼다. 태초의 우
라노스 정권 때 종신형으로 지하 세계에 갇혀 있다가
제우스로부터 구조를 받은 외눈박이 거인 3형제라고
도 하고, 동명이인이라면서 하여간 뭐라고도 하던데
그건 누구도 정답은 모른다.

하여간 놈들은 지하 세계에서 나온 조수치고는 재주가 주인 뺨칠 정도로 놀라웠다. 그래서 제우스 일당이 거인족들과 정권 쟁탈 싸움을 벌였을 때 헤파이스토스와 공동 개발하여 제우스에게 전용 무기로 벼락을 만들어주기도 했다.

그런데 조수들 덩치가 너무 큰 데다가 실력까지 '쎄' 서 아무리 주종 관계라고 해도 헤파이스토스로서는 부려먹는 데 좀 부담이 되었을지도? 게다가 작업실이 좁은 공간이라 주인이 오히려 그런 덩치 큰 조수들을 비켜가며 일을 해야 했을 테니 불편했을 테고. 또 자기가 아무리 못생겼다 해도 조수들 모습이 흉물스러운 데다 외눈박이고 하니 종일 쳐다보며 일하는 게 시각적으로 괴롭지 않았겠나 말이다.

예쁜 여자 AI 로봇이 좋아

그래서였을 거다. 키클롭스들같이 보기 괴롭게 생기고 힘센 조수들과는 대조적으로 아예 황금으로 예쁜 여성 모양의 AI 로봇을 만들어 같이 일했다는 것. 근데 왜 그냥 부려먹고자 하는 기계적 기능만 있으면 되지 여자 로봇이었을까? 왜 예뻤을까? 사실 말만 미의 여신이지 같이 부부 생활도 안 해주고, 스트레스와 번뇌만 주는 자기 아내 아프로디테에게 넌더리가 났을 터.

비록 로봇이라 하나 그 예쁜 황금 여성이 계약, 납

품 스케줄, 경리 같은 업무를 착착 처리해주고 일과 중 때때로 커피 브레이크를 걸어 쉬게 하면서 넥타(신들의 음료)나 간식 암브로시아(신들의 음식)를 들게 했을 때 헤파이스토스는 즐거웠을 것이다. 게다가 이 로봇 여자는 완전 AI에 ChatGPT라서 깊은 대화까지 가능했다지 않는가.

완전 생물학적 인조인간 제조

사이보그(cyborg)는 기계적 로봇 따위하고는 비교도 안 되게 훨씬 높은 단계의 인조인간이다. 2009년 여름에 나온 '터미네이터 4' 다들 아시지? 그런데 헤파이스토스는 그런 사이보그 차원하고는 비교도 안 되게 높은, 생물학적 인간을 하나 만든 거다. 뭔 소리냐?

절대 인간들에게 불을 전해주지 말라고 엄명을 내렸음에도 기어이 불을 훔쳐다 인간에게 준 프로메테우스의 하극상에 진노한 제우스는 인간을 괴롭혀줄 계획을 세운다. 즉 예쁜 여자를 하나 만들어 보내주자는 프로젝트다. (그때까지 인간계에는 남자들만 있었다고 한다. 그것도 진화학적으로 보면 말 된다.) 제우스는 왜, 인간/남자들이 여자들과 살게 되면 좋기만 한 게 아니라 괴로움을 당하리라 생각했을까? 판도라 이야기가 여기서 잠시 나오는데 결혼해본 남자라면 다들 펄쩍 뛰는 척하면서 속으로는 끄덕끄덕(?) 할 거다.

판도라의 상자
요걸 열어볼까… 말까… 볼까…
말까…

세상에 '무서운 아내' 헤라 여신의 눈치만 보며 살아온 제우스는 하도 겪어서 그걸 다 알았던 거지. 그래서 헤파이스토스 연구소로 하여금 예쁜 여자 판도라를 설계, 제작하게 했다. 그리고 그녀 판도라를 전령신 헤르메스를 시켜 인간계로 택배한다. 결과는 적중! 그 판도라가 프로메테우스의 동생 에피메테우스와 결혼하여 자식까지 둔 걸 보면 즉 생물학적, DNA적으로도 완벽하여 양성생식이 가능했던 거다. 그리고 인간의 삶이 이 꼴(?)이 된다.

먹지 않는 슈퍼 비아그라 개념

미와 사랑의 여신 아프로디테는 상대로 하여금 자기에게 욕정을 일으키게 만드는 비장의 벨트를 가지고 있었지. 남편 헤파이스토스가 제작해 자기에게 준 건데 정작 남편에겐 사용하지 않았다. 그건 겉으로는 보이지도 않는 벨트인데 참 기묘한 것이어서 이걸 차고 자기가 맘만 먹고 찍으면 어떤 남자들도 '걍!' '헬렐레~' 한마디로 넘어온단다.

아프로디테는 그걸 차고 다니면서 자기 맘에 드는 숱한 남성들을 흥분하게 만들어 욕정을 채웠는데, 그 벨트가 딱 한번 트로이 전쟁 때 전략 도구로 사용된 적이 있었다. 참고로 그 벨트 이름은 케스토스 히마스. (kestos himas, '마법의 띠'라는 뜻.)

트로이 전쟁에서 제우스 하는 양을 보면, 공식적으로는 모든 신들에게 어느 편도 들지 못하게 엄명을 내려놓고 자기는 치사하게도 슬슬 트로이를 지원했던 것. 전투가 벌어지면 트로이가 유리해지도록 밀어주는 거다. 가령 그리스 연합군 후방에서 천둥 번개 같은 걸 쳐서 병사들을 불안하게 만드는 심리전을 편다든가. (트로이는 사당을 지어놓고 제우스를 모셨다.)

반대로 아내 헤라는 그리스 연합군 편이다. (집안 꼴 잘~ 되어간다.) 그런데 남편 제우스가 더티 플레이를 한다 이거지. 헤라는 제우스가 트로이에 신경 쓰지 못하게 만들고 거꾸로 코너에 몰린 그리스 연합군이 유리하게 해주려고 머리를 굴린다.

우선 아프로디테를 불렀다. "그 벨트 좀 잠시 빌려주게나." 그런 비밀 병기 보물을 빌려줄 아프로디테인가? 게다가 아프로디테는 헤라와 반대로 트로이를 지원하는 입장인데. 그러나 최고 여신이 잠시만 쓰겠다는데 어쩔 건가? 할 수 없이 내줬지. 헤라는 그걸 차고 제우스 앞에서 알짱알짱한다. 그러자 평소 콧대 센 아내 헤라는 안중에 없고 밖에 나가 바람만 피우던 제우스도 별 수 없다. '내 아내 헤라가 요렇게 예뻐?' 그냥 아내 헤라를 침실로 잡아 끌어들였지.

그날 밤 침실 작업은 철저하게 계획적인 것이었으니 헤라가 어떻게 했는지는 상상에 맡긴다. 좌우지간 녹초에 녹초가 된 제우스, 이튿날 대낮이 될 때까지

아프로디테만의 비장의 벨트
남자를 뇌살 시키는 벨트 (사실은 눈에 안 보이는 것이라고 함). 그 당시 패션의 벨트는 허리에 차는 것이 아니고 어깨에 걸치는 것이었다. 자, 보시라구, 벌써 전쟁신 아레스(로마 신화의 마르스)가 와서 무너지는 모습을.

왕창 늦잠을 잤지 뭔가? 그 사이에 몰래 자리에서 일어난 헤라는 그리스 연합군을 막 밀어줬다. 그 바람에 모처럼 그리스 연합군 쪽에 전세가 확 유리해지고 트로이군은 허둥지둥 성 안으로 쫓겨 들어가게 된다. 늦잠까지 실컷 자고 깬 제우스는 오늘의 전황을 살펴보다가 "아차!" (헤라에게 속았구나!) 했고.

헤파이스토스는 특수 투명 섬유를 생각했다
정의로운 태양신 헬리오스가 헤파이스토스에게

네모 안에 아무 것도 안 보이시지?
그러실 수밖에. 이게 헤파이스토스의 투명 섬유를 찍은 거니까… 생각
해보시라. ^^

"자네 아내 아프로디테하고 전쟁신 아레스(로마 신화
의 마르스)하고 자는 걸 내가 봤어" 하고 일러줬다.
열 받은 헤파이스토스, 연놈의 간통 현장을 모든 신들
앞에 보여주어 개망신을 줄 연구를 한다.

그래서 눈에 보이지 않는 튼튼한 금속제 그물을 제
작하여 그걸 아프로디테의 침대에 깔아놨다. 치정에
눈이 멀어 재깍 걸려든다. 일을 벌이자 그 투명 그물
은 자동으로 오므라지더니 아프로디테와 아레스를
한데 묶어 대롱대롱 허공에 매달아놓는다.

그때 헤파이스토스는 사방에 대고 큰소리로 외쳤
지. "야, 신들아, 이 연놈들 좀 봐라!" 할 일 없어 심심
하던 신들, 얼씨구 하고들 달려왔겠다. 만장(滿場)한
신들 앞에 발가벗은 몸뚱이로 공중에 매달려 톡톡히
개망신을 당한 아프로디테와 아레스. 허나 그렇게 망
신을 주어 복수한들 뭘 하나? 자존심 상하고 괴로운
헤파이스토스의 처절한 마음이야 어이할 거나? 곱빼

기 우울증 걸리지.

그건 그렇고 정말 이런 섬유가 개발될까? 알 수 없다. 인류 발명의 속도를 보면. 한데 처음부터 헤파이스토스가 그런 목적으로 만들었 듯이 악용될 소지가 더 많지 않을까?

그 외에 헤파이스토스의 작품으로는

건축가로서——신들의 으리으리한 궁전 설계 시공. 물론 인테리어에도 도사였지.

가구 디자이너로서——제우스 최고신의 황금 옥좌도 제작했다. 제우스 외에 누가 감히 거기 앉으면 철썩 달라붙어 현장에서 체포되도록 하는 기능도 있음. 헤라가 몰래 한 번 앉았다가 엉덩이가 달라붙어 아주 혼쭐이 난 적이 있다. 즉 남의 권좌를 탐내지 못하게 하는 기능까지 있는 특수 황금 옥좌.

우주선 설계가로서——태양신 헬리오스의 날개 달린 황금마차도 그의 솜씨. 오늘도 동쪽으로부터 달려와 서쪽으로 사라진다.

첨단 무기 발명가로서——제우스의 벼락(핵무기에 해당). 바다의 신 포세이돈의 트라이던트(삼치창), 헤라클레스·아킬레우스의 갑옷과 창과 방패 외 다수.

공예가로서 —— 제우스·아가멤논의 홀(笏, scepter) 디자인, 제우스가 아프로디테에게 권했다는 황금 술잔.

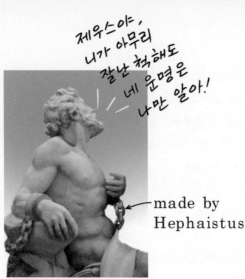

제우스아, 니가 아무리 잘난 척해도 네 운명은 나만 알아!

made by
Hephaistus

프로메테우스를 결박한 쇠사슬
기능에서 오는 구조상 겉모양은 거의 같아도 속은 전혀 다르다는 것
외부의 물리적인 힘으로는 절대 끊을 수 없다는 것 그러나 헤라클레
스는 끊었지 오스트리아의 수도 빈의 호프부르크 왕궁의 조각에서
(부분적 포토샵).

농기구 발명가로서──농경신 데메테르 여신의
낫. 요즘 개념으로는 AI 추수·탈곡기 외 다수.
도구 디자이너로서──프로메테우스를 결박한 쇠
사슬 외 다수 (시시한 사슬로는 신을 결박할
수가 있나.)

Nobody Wants Me.
I'm so lonely

과학적 두뇌나 예술성이나 손재주로야 신들의
세계에서 비교급이 없는 최상이었지만, 그건 내면적

인 것. 내면만 보고 여자가 따라주면 자기가 지성 좀 가졌다고 생각하는 친구들 좋게? 요즘, 특히 외모 지상주의에 돈이 판을 치고 있는데 '그딴 건' 안 보이는 수도 있다. 그리스 신들의 경우, 우선 외면적으로 죄다 얼짱 · 몸짱들 아닌가? 그런 신들의 세계에서 헤파이스토스는 상대적으로 얼마나 콤플렉스가 많았겠나? 같은 올림포스 12신인데 노는 자리에 끼워나 주나? 얼굴은 못났지. 게다가 장애자로 의족을 달고 디뚝디뚝 걷지.

그런 그가 과학적 예술적 지성이 높다 한들 세상 어느 여신이 그걸 알아주나? 신들이 주특기로 벌이는 그 흔한 외도지만 어떤 여신이 그를 유혹해서 잠자리를 같이 하고 싶어 하나? 브로치 같은 명품 공예품을 주문할 때나 잠시 알랑알랑했지. "Nobody wants me. I'm so lonely." (노튼 버펄로의 노래)

이리로 나가면 벌컨(헤파이스토스) 대장간 길
"이 길로 나가면 개척 시대에 대장간이 많았던 마을이 나오는 모양이지?" 캐나다 온타리오주 나이아가라 폭포 못 미처서. '참 캐나다엔 별 게 다 있지…'. 아테나가 헤파이스토스의 대장간을 찾아 이 길로 들어섰던 거다.

그런 그에게 액세서리 잘 만들어 바치라고 어머니 헤라 여신이 미의 여신 · 사랑의 여신 아프로디테를 아내로 엮어줬지만, 이건 처음부터 잘못 짝지워진 거였지(mismatch). 아내가 예쁘면 뭘 하나? 사랑의 여신이면 뭘 하나? 남편인 자기는 거들떠보지도 않는 야속한 여신인데…. 게다가 헤파이스토스의 지성으로 보았을 때는 3류 쌈패 부류에 속하는 전쟁신 아레스와 대놓고 바람을 피우는데…. 헤파이스토스, 오죽 외로웠으면 조수 겸 비서로 예쁜 금속 여성 로봇을 만들어서 같이 근무했을까?

끝으로 좀 코믹하달까
헤파이스토스의 가엾은 일탈 행각 하나

그러던 어느 날 헤파이스토스가 "와~!" 간이 부은 정도가 아니라 아예 배 밖으로 튀어나온 날이 있었다. 언감생심 올림포스 12신의 한 명인 아테나 여신을 덮쳤다. "이 둘이 족보상 오누이 사이가 아니냐?" 하고 따지기 없기다. 여기는 신화 동네라는 걸 항상 명심하시도록.

온 올림포스가 다 뒤집어질 일이었다. 아테나가 누군가? 우선 최고 인텔리 여신이다. 온 올림포스가 다 알아주는 전쟁의 여신, 지혜의 여신, 공예의 여신 아니신가. 게다가 요즘 우리 윤리관으로 보았을 때 그 성적으로 문란한 그 신화 시대에서도 처녀성을 고수하고 있는 여신이시다. 그녀의 눈높이로는 올림포스 남신이라는 것들은 죄다 너절해서 그런 것들하고 속썩이며 사느니 아예 처녀로 살기로 했단 말이지. 그런 여신에게 신들 중에 비교급도 없을 정도로 못생기고

서울의 헤파이스토스 거리
참 보기 어렵게 우리 전통을 잇고 있는 서울 중구 신당동(한양공고 남쪽 건너편)의 대장간들. 예전에는 10여 곳 이상 되었더랬는데 2024년 현재 3곳 남았다.

절름발이인 헤파이스토스가 구애를 펼쳤던 것이다. 이게 어떻게 되는 거지? 그 자초지종은 이러하다.

이래서 남녀 7세 부동석(不同席) 이라고 했던가

트로이 전쟁이 한창이던 때. 아테나 여신은 헤파이스토스에게 무기 일습을 주문했겠다. 이 기회에 아얘 헤파이스토스의 대장간에 가서 그가 숙련된 기술로 쇠를 다루는 걸 보려고 했지. 아테나도 호기심이 많던 모양. 그런 작업하는 거 보면 재밌거든. (나도 초딩 때 서울 을지로 7가에 해당하는 신당동의 대장간들

모여 있는 데에서 하굣길에 한참씩 서서 구경 참 많이 하곤 했다.)

근데 요게 문제인 거다. 남녀가 좁은 공간에서 같이 있으면 평소와 달리 갑자기 뭔가 이상스런 기운의 자장(磁場) 같은 게 느껴지지 않나 말야. 이성의 체취에 숨 쉬는 것조차도 갑자기 흐름이 멈칫멈칫해지고…. 게다가 일하는 척하며, 설명하는 체하며 야금야금 더 가까이 다가가게 되면 어떻게 되지? 그래서 남녀칠세부동석이란 말이 있는 거지.

늘 우주 최고의 미녀인 아내에게 개무시 당하며 지내는 헤파이스토스지만 속은 왕성한 남성. 맞다. 엉뚱하게 일어난 흑심에 용기가 플러스(+) 된다. 게다가 방금 전에 바다의 신 포세이돈이 와서 이런 말을 했거든. "조금 있으면 아테나가 이리로 올 거야. 사실은 말야, 아테나가 처녀신이랍시고 독신으로 살다보니 많이 외로울걸. 그러니까 걍, 확 덮치면 돼." 아테나 신전에서의 일로 앙심을 품은 포세이돈이 조카뻘 되는 헤파이스토스를 부추기며 장난으로 한 말이었는데….

헤파이스토스가 한 짓 좀 보게

그런데 헤파이스토스는 과학적, 예술적으로만 두뇌가 비상했지 거기에 모든 부하(負荷)가 걸려 있어서 그 외의 분야엔 전혀 '아니올시다' 다. 포세이돈의 말을 곧이곧대로 들었네. 구애를 할라치면 좀 분위기라도 잡고, 무드 있게 살살 접근하는 단계도 있고 그래야 할 거 아닌가. 물론 그래도 턱도 없었겠지만.

그런데도 헤파이스토스는 자기 딴엔 실제로 덮치면 아테나가 마치 삼류 영화의 그런 장면처럼 "어머머, 이러심 안 돼요, 이러심 안 돼요!" 소리 몇 번 지르는 척하다가 그냥 못 이기는 척 몸을 내맡길 줄 알았던 모양.

사실 말은 바른 말이지 그게 숯가루에 쇠붙이 조각에 온통 시커먼 대장간 맨바닥에서 벌일 짓인가? 별 5개짜리 호텔 스위트룸, 폭신한 침대에서도 어림도 없을 짓을 쯧쯧…. 게다가 아테나 여신이 좀 정갈한가 말야.

아무튼 그런데도 헤파이스토스는 결심했다. 나는 한다면 하는 사나이! 순간 '확!' 돌아서면서 '확!' 아테나 여신을 덮쳤네. 자, 이제, 우리의 돈키호테 같은 헤파이스토스, 어떻게 되려나?

"아니, 이놈이 미쳤나? 이게 뭐 하는 짓이야!" 소스라치게 놀란 아테나, 어이없고 불쾌하기 짝이 없어진 아테나, 정말 자존심 되게 상한 아테나, 맹렬하게 화를 내며 반항했다. "야, 내가 그렇게 만만하니?"

사실 아테나는 지혜의 여신이라지만 우선 명색이 전쟁신 아닌가? 전투에서는 오른손에 나이키를 앞세우고 나가기 때문에 전쟁신 아레스보다도 사실 전과

(戰果)는 비교가 안 되게 더 좋은 전쟁신. 실제로 아테나는 트로이 전쟁에서 트로이 편을 든 전쟁신이요 깡패신 아레스가 자기에게 덤벼들어 거칠게 조롱하며 창으로 그녀의 방패를 치자 큼직한 돌덩이를 날려 아레스의 목을 맞추어 KO시켜버린 적도 있다.

그리고 제 애인을 때렸다고 프로레슬링 태그매치처럼 교대해서 덤벼드는 아프로디테 여신에게는 주먹으로 가슴을 "팡! 팡! 팡!" 쳐서 역시 KO시켜버렸던 여신이다. 그런 여신이 헤파이스토스같이 비리비리한 남자에게 당할까? 대장장이 헤파이스토스는 만날 해머로 쇠를 때려서 상체는 강해 상대를 옴쭉 못하게 꽉 껴안을 수 있었지만, 목발 짚고 다니는 아랫도리는 영 아니었거든.

에구, 이게 뭔 꼴이여

아무튼 그때부터 엎치락뒤치락, 그 지저분한 환경에서 그래도 꽤 레슬링을 오래 했던 모양. 마침 어떤 절정(!) 가까이 이르렀을 때! 아테나 여신이 몸을 확 돌렸다. 그러자 저 혼자 흥분이 고조에 달했던 헤파이스토스, 그만 여신의 넓적다리에 사정을 하고 만다. (참, 그리스신화는 이래서 감탄스럽다니까. 이런 망측한 묘사까지 마치 눈으로 본 것처럼 리얼하게 하고 있다니.)

I've seen everything.

Athena

"I've seen everything."
"야, 참 세상 별꼴 다 보는구나!" 헤파이스토스 대장간에서 망측스런 레슬링을 마치고 나오는 아테나 여신이 한 말이다. 아테나 여신 뒤 왼쪽에는 망치질하는 사람, 오른쪽에는 모루와 여성(웬?)이 보인다.

자, 이제 '대장간의 합창' 아닌 '대장간의 정사(情事)'는 고사하고 '대장간의 개망신'이 되어버렸으니 이건 아니한 만도 못하게 됐다. 되돌릴 수도 없다. 풀이 팍 죽은 헤파이스토스, 얼마나 낯을 들 수 없었을까?

그런데 의외로 아테나 여신은 엄청 불쾌한 건 불쾌한 거고, 그런 헤파이스토스가 측은하다는 생각에 오히려 너그러운 마음이 났던 모양이다. 원래 진짜 미녀는 키 작고 추남이라고 해서 루저(loser) 취급하지 않는 법, 오히려 그 아픈 마음을 배려하여 상냥하게 대해주는 수도 있지. 감히 선뜻 대시(dash)들을 못 해서 그렇지 의외로 쌍쌍 파티에도 같이 가줄 맘도 있고 말야.

그리고 말은 바른 말이지, 미는 자기 실력으로 갖

춘 게 아니잖나. 태어나 보니까 미인이었던 거지. 처
녀신 아테나는 그런 신격(인격)이 있었던 모양이다.
이 사건, 요샛말로 성폭행을 더 이상 문제 삼지 않고
그냥 양털을 한 줌 주워 그 찝찝한 액체를 닦더니 땅
에 '휙!' 버렸다는데….

'에고….' 문제가 거기서 안 끝나네. '신화는 원래
그래.'

해프닝이 연속되는 헤파이스토스가 홀린 씨

참 요 대목이 묘하다. 그 양털에 묻어 땅바닥에 버
려진 헤파이스토스의 정액을 졸지에 대지의 여신 가
이아(Gaia)가 받았단다. 그럴 밖에. 흙으로, 즉 대지로
스며들어갔을 거 아닌가? 아무튼 그 가이아 여신은
그걸로 그만 임신을 해버렸다나? (원래 씨는 땅에 심
지 않나?) 이걸 고대 그리스인들의 생명 존중 사상이
라고 봐야 할지….

그리고 가이아 여신은 아들을 낳는다. 단, 낳긴 낳
았지만 이 아이는 자기가 못 기르겠다며 버린다. '별
우스운 것들이 다 난동 치다 생긴 아이를 내가 왜 기
른담?' 자기 의사에 관계없이 졸지에 대리모가 되어
버린 여성/여신의 자존심이었을 거다. 남들이 쪼다
헤파이스토스의 대리모 노릇했다고 손가락질도 할
거 아냐? "그러니 난 못 길러."

최소한 요런 분위기라도 꾸며놓고 작업을 했어야지…
스위스의 호반 도시 루체른에서 보는 대장장이가 그려진 벽화. 요런
분위기였으면 혹시 아테나가 동(?)했을까? 그래도 처녀성 지키느라고
안 됐을걸? 여기에 대해 아테나 여신이 하는 말, "내가 그렇게 만만하
니?"

어차피 그 아이는 빙충맞은 대장장이 헤파이스토
스가 기를 형편도 못 되고 하니, (더더군다나 그의 법
적인 마누라일 뿐인 아프로디테가 그런 아이를 길러
줄 턱이 있나?) 할 수 없이 처녀신이긴 하지만 아테나
가 맡기로 했다. 아테나는 직함을 보면 지혜의 여신,
전쟁의 여신 외에 처녀이긴 하지만 가정의 신이요, 다
산의 여신이기도 하다. 그래도 자기 몸에 묻었던 생명

대지의 여신 가이아
"졸지에 대리모가 됐지 뭐야? 쪽 팔리게시리…" 1807년, 영국 지도책의 동판화.

이라고 마음이 그렇지 않았던 모양인가?

그러나 현실적으로 양육까지는 어려워 아기는 인간인 아테네의 공주에게 맡겨진다. 그러다가 우여곡절 끝에 다시 아테나가 맡는다. (아, 괜한 이야기가 길다. 생략 좀 한다.) 그런, 태어날 때부터 테니스공처럼 이리저리 전전하던 그 아이는 그래도 자라서 아테네의 왕이 된다.

왕의 입장에서 아테나는 아테네의 수호신 아닌가? 무엇보다도 자기의 유아 시절 잠시나마 자기를 길러주지 않았던가? 그 왕은 아테나 여신을 모시는 신당을 짓고 제사를 모신다. 그리고 아버지를 기린다. 아버지는 헤파이스토스 아닌가?

그래서 그리스 아테네의 아크로폴리스(언덕 도시)

에 아테나의 신전인 파르테논 신전이 있고, 거기서 북서쪽으로 내려다보이는 800m 정도 아래에는 헤파이스토스 신전이 있는 거다. 현존하는 신전 중에 지붕도 남아 있는, 가장 상태가 좋은 신전 말이지. 더 이상 별 이야깃거리가 없으니 이 정도에서 막을 내리겠다. 헤파이스토스가 벌인 러브 해프닝이 자꾸 눈에 밟힌다. '가엾어…. 남의 일 같지 않아. 그때 성공(?)했어야 하는 건데….'

대장장이 신 헤파이스토스의 신전
사진 중앙의 신전이다. 녹지대로 된 이 지역은 고대 그리스 시대의 광장, 아고라(agora). 여기서 시장도 열리고 시민들이 모여서 토론도 벌였다.

일상이 그리스 로마 신화 ❶신들의 관계

1판 1쇄 인쇄 2024년 6월 25일
1판 1쇄 발행 2024년 7월 5일

지은이 한호림
펴낸이 김현정
펴낸곳 책읽는고양이 / 도서출판리수

등록 제4-389호(2000년 1월 13일)
주소 서울시 성동구 행당로 76 110호
전화 2299-3703
팩스 2282-3152
홈페이지 www.risu.co.kr
이메일 risubook@hanmail.net

ⓒ 2024, 한호림
ISBN 979-11-92753-18-8 03210